Mona Dechant

Tiere in unserem Haus

1.– 4. Klasse

Problemlösend-entdeckendes Lernen im Sachunterricht: Wissen erarbeiten und festigen

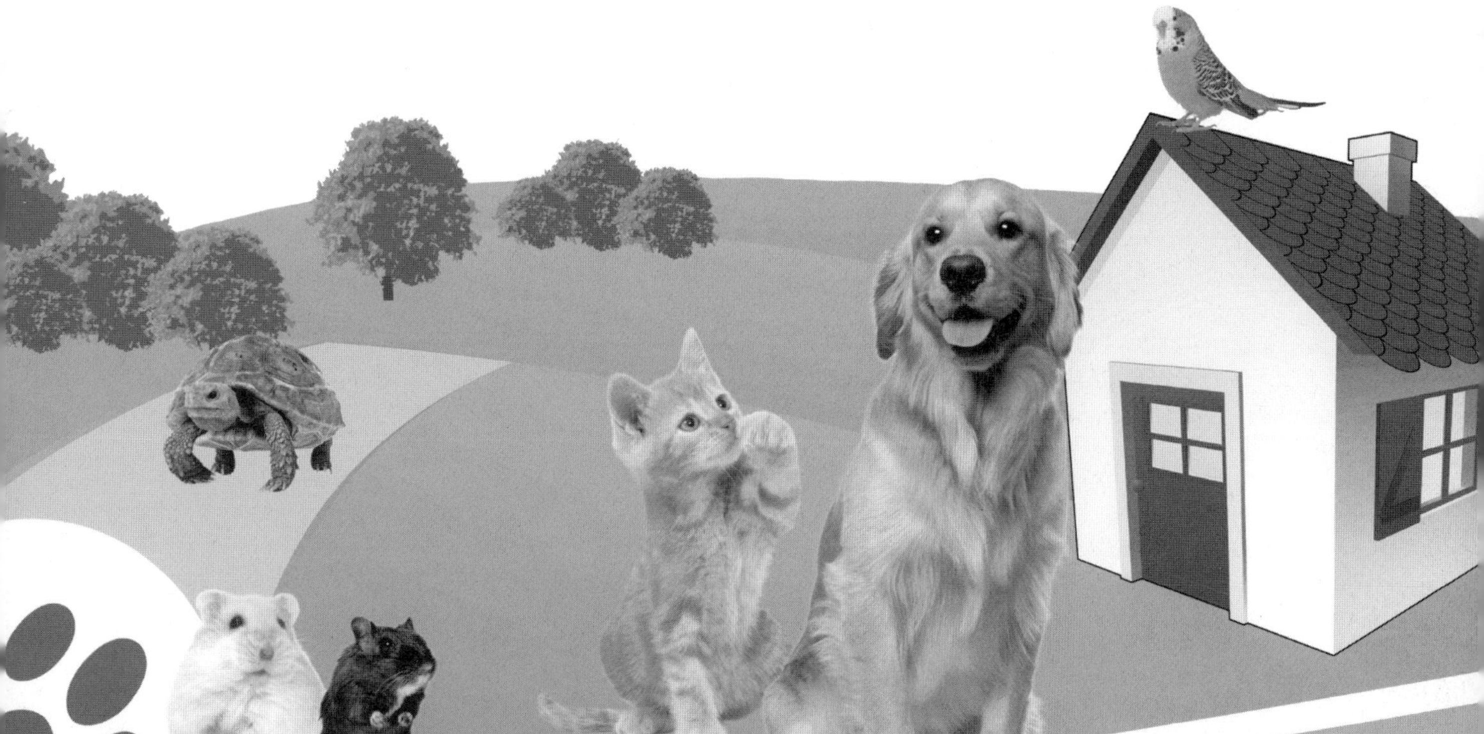

Auer

Aufgrund der besseren Lesbarkeit ist in diesem Buch mit Schüler auch immer Schülerin gemeint, ebenso verhält es sich mit Lehrer und Lehrerin etc.

Quellennachweis S. 44:
„Kleine Katzen" (von James Krüss) in: James Krüss: James' Tierleben © Carlsen Verlag GmbH, Hamburg 2003

Gedruckt auf umweltbewusst gefertigtem, chlorfrei gebleichtem
und alterungsbeständigem Papier.

3. Auflage 2019
Nach den seit 2006 amtlich gültigen Regelungen der Rechtschreibung
© Auer Verlag, Augsburg
AAP Lehrerfachverlage GmbH
Alle Rechte vorbehalten
Das Werk und seine Teile sind urheberrechtlich geschützt. Jede Nutzung in
anderen als den gesetzlich zugelassenen Fällen bedarf der vorherigen schriftlichen
Einwilligung des Verlages. Hinweis zu § 52 a UrhG: Weder das Werk noch seine
Teile dürfen ohne eine solche Einwilligung eingescannt und in ein Netzwerk eingestellt werden.
Dies gilt auch für Intranets von Schulen und sonstigen Bildungseinrichtungen.
Illustrationen: Corina Beurenmeister
Satz: fotosatz griesheim GmbH, Griesheim
Druck und Bindung: Stückle Druck und Verlag Ettenheim
ISBN 978-3-403-**06761**-0

www.auer-verlag.de

Inhaltsverzeichnis

Vorwort 4

Die Haustiere
Tipps für den Unterricht 4
Kopiervorlagen und Arbeitsblätter 6

Der Hund
Tipps für den Unterricht 13
Kopiervorlagen und Arbeitsblätter 16

Die Katze
Tipps für den Unterricht 30
Kopiervorlagen und Arbeitsblätter 33

Der Hamster
Tipps für den Unterricht 47
Kopiervorlagen und Arbeitsblätter 49

Die Maus
Tipps für den Unterricht 59
Kopiervorlagen und Arbeitsblätter 61

Die Schildkröte
Tipps für den Unterricht 70
Kopiervorlagen und Arbeitsblätter 72

Der Wellensittich
Tipps für den Unterricht 81
Kopiervorlagen und Arbeitsblätter 84

Vorwort

Mit den vorliegenden Materialien erhalten Sie Unterrichtsideen und Kopiervorlagen, um in kleinen Einheiten wichtige Aspekte (Aussehen, Herkunft, Familie, Lebensweise, Haltung, Ernährung, Entwicklung und Verhalten) der Haustiere Hund, Katze, Hamster, Maus, Schildkröte und Wellensittich durchzunehmen. Besonderheiten der Tiergruppe werden insofern berücksichtigt, dass es bei den Haustieren keine Einheit zu Artenschutz oder Lebensraum gibt, dafür aber vermehrt auf die artgerechte Haltung und das Verhalten der Tiere eingegangen wird.

Streng genommen umfasst der Begriff „Haustiere" alle domestizierten Tierarten, also sowohl Nutztiere als auch Heimtiere. Der engere Begriff „Heimtiere" beschreibt die Tiere, die vom Menschen aus Freude oder Interesse im Haus, in der Wohnung, im Garten etc. gehalten werden. Eine klare Abgrenzung der Begriffe ist jedoch nicht möglich. Deshalb wird in diesem Buch der Begriff „Haustiere" verwendet. Die Arbeitsblätter enthalten meist einen Rechercheauftrag. Mit einem Pfotensymbol 🐾 wird auf den entsprechenden Band von „Meine große Tierbibliothek" des Esslinger Verlags verwiesen. Da der entsprechende Arbeitsauftrag am unteren Ende der Arbeitsblätter vermerkt ist, können Sie diesen einfach entfernen, sollten Sie nicht mit „Meine große Tierbibliothek" arbeiten.

Kinder und Haustiere

Kinder sind ab dem frühesten Lebensalter an Tieren interessiert. Sie beobachten ihr Aussehen, ihre Bewegungen und ihre Laute. Selbst eine Fliege wirkt faszinierend und wird beobachtet: Sie kommt angeflogen, krabbelt an der Wand oder Decke entlang und ist dann schnell wieder weg. Später stellen Kinder fest, dass Tiere besondere Fähigkeiten und Bedürfnisse haben. Schon Kleinkindern werden Kuscheltiere geschenkt, die sie streicheln, trösten, liebhaben und mit denen sie spielen können. Diese ersten „Bezugstiere" haben einen hohen Stellenwert für Kinder und behalten ihn oft über viele Jahre. Manchmal wird sogar noch im Erwachsenenalter liebevoll an „Schnuffi", „Bärli" oder „Brummi" gedacht. Ihre Funktion findet im weiteren Kindesalter eine Entsprechung im Wunsch nach einem Haustier. Die meisten Kinder möchten ein Tier als Spielkameraden, Freund und Begleiter – ein Lebewesen, das ihnen allein gehört, das sie beschützen und versorgen und mit dem sie richtig spielen können. So ist das Interesse am Themenbereich Haustiere bei Grundschülern sehr groß. Da es jedoch unterschiedliche (Zu-)Neigungen gibt, empfiehlt es sich, nicht nur *ein* Haustier exemplarisch auszuwählen und seine Bedürfnisse, Besonderheiten, Fähigkeiten etc. im Unterricht zu erarbeiten, sondern die Auseinandersetzung mit diesen Aspekten interessengeleitet mit verschiedenen Tieren zu ermöglichen.

Den Tieren wird man aber nicht gerecht, wenn man sie nur unter menschlichen Aspekten betrachtet. Es ist deshalb erforderlich, grundlegende Kenntnisse über das Verhalten und die artgerechte Haltung der Tiere zu vermitteln. Im Rahmen dieser Unterrichtseinheit sollte auf jeden Fall deutlich werden, wie Tiere korrekt gehalten werden (Ernährung, Bewegung, Beschäftigung, Kontakt zu Artgenossen oder Menschen, …) und dass Tiere nicht gequält, vernachlässigt oder ausgesetzt werden dürfen.

Weitere Fragen, über die sich ein künftiger Tierhalter im Klaren sein muss, sind: *Welches Tier passt zu mir? Wie viel Zeit, Platz, Geld, … habe ich? Gehe ich gerne spazieren? Wer kann das Tier versorgen, wenn ich es einmal nicht kann? Macht es mir nichts aus, den Käfig, das Katzenklo, … sauber zu machen oder den Hundekot beim Spaziergang richtig zu entsorgen? Besteht bei mir oder in meiner Familie eine Allergie gegen Tiere, Tierhaare oder Tierschuppen? Braucht das Tier Artgenossen? Ist das Tier tagaktiv oder nachtaktiv? Möchte ich mich für mehrere oder sogar viele Jahre dazu verpflichten, mich um dieses Tier zu kümmern? Habe ich genug Vorwissen, um das Tier richtig versorgen zu können?*

Haustiere im Klassenzimmer

Bei der Einbeziehung von Tieren im Unterricht sind einige Maßnahmen und Regeln zu beachten. Haustiere sind nicht nur zu schützen, sondern müssen darüber hinaus so gehalten werden, wie es ihrer Natur entspricht. Wer dies nicht beachtet, macht sich strafbar. Dies gilt natürlich auch für den Umgang mit Tieren im Klassenraum. Falls Haustiere vorübergehend im Klassenraum gehalten werden, sind vorher die entsprechenden Bestimmungen bei der örtlichen Schulaufsicht zu klären. Die gesetzlichen Regelungen sind im Internet nachzulesen unter *Bundestierschutzgesetz* und *Bonner Konvention*.

Die Lehrkraft muss davor in jedem Fall klären, ob bei den Kindern Allergien gegen Tiere, Tierhaare, Tierschuppen o. Ä. vorhanden sind. Trotzdessen dürfen alle Schüler keinen zu engen Kontakt zum Tier haben (z. B. Ablecken lassen). Ängste der Kinder (z. B. vor Hunden oder Mäusen) müssen auf jeden Fall berücksichtigt und zugelassen werden. Folgende Absprachen sollten unbedingt mit den Kindern erörtert und – am besten in der Ich-Form – fixiert werden:

- *Ich bin ruhig, denn Tiere haben ein sensibleres Gehör als Menschen.*
- *Ich beobachte die Tiere nur aus einiger Entfernung, da sie sonst Angst und/oder Aggressionen entwickeln können.*
- *Ich gehe nur mit höchstens zwei anderen Kindern nahe an das Tier oder den Käfig heran.*
- *Ich berühre die Tiere nur nach den Regeln der Klasse.*
- *Ich achte auf das Verhalten der Tiere: Haben sie Angst? Wollen sie keinen Kontakt? Lassen sie sich gerne streicheln? Lassen sie die Nähe zu? …*
- *Ich erschrecke und ärgere kein Tier.*
- *Ich füttere ein Tier nur nach Absprache.*
- *Ich wasche nach dem Berühren eines Tieres oder seines Zubehörs meine Hände.*

Tipps für den Unterricht

Allgemeines

Am besten wird das Thema Haustiere dann im Unterricht behandelt, wenn es sich viele Schüler wünschen oder wenn sich ein situativer Anlass ergibt. Tiere beobachten, Recherchen durchführen, Informationen ordnen und verarbeiten, Ergebnisse präsentieren, den eigenen Standpunkt gegenüber Haustieren klar erkennen – dies alles erfordert ein intensives Arbeiten über einen längeren Zeitraum hinweg. Da jedoch vielfältige Erfahrungen gesammelt und viele Kenntnisse, Einsichten und Kompetenzen hinzugewonnen werden, lohnt sich der höhere Zeitaufwand.

Wichtig ist, von den Erfahrungen der Kinder auszugehen, ihre Interessen aufzugreifen und die Freude am forschend-entdeckenden Lernen zu unterstützen und zu fördern.

Einheit: Haustiere

Als Einstieg in den Themenbereich „Haustiere" bietet sich die Möglichkeit an, die Kuscheltiere der Kinder von zu Hause mitbringen zu lassen. Im Rahmen eines Unterrichtsgesprächs werden dann verschiedene Aspekte herausgearbeitet: *Welche Bedeutung und Funktion hat das Kuscheltier für mich? Wie lassen sich die verschiedenen Tiere einteilen (Zootiere, Haustiere, ...)?* Anschließend wird zum Thema Haustiere übergeleitet. Kinder berichten von eigenen Erfahrungen mit Haustieren, die sehr unterschiedlich sein werden. Vorkenntnisse werden aufgenommen, geklärt und geordnet. Die Schüler überlegen, welche Tiere zu den Haustieren gezählt werden, was diese Tiere gemeinsam haben und wie sie sich von anderen Tieren unterscheiden. Dabei hilft ihnen AB 1. Die Kinder erkennen, dass manche Tiere sowohl als Nutztier als auch als Heimtier gehalten werden können. Als motivierende Vertiefung kann im Anschluss analog zu „Alle Vögel fliegen hoch" „Alle ... sind Heimtiere" gespielt werden.

Material:
- AB 1–7
- Wort- oder Bildkarten
- Tierlexika (z. B. *Meine große Tierbibliothek*)
- Internetzugang
- Pappkarton oder Tonpapier
- Schere, Klebstoff
- Abbildungen/Fotos/Poster der Tiere
- pro Gruppe 5–10 Karteikarten
- Blatt Papier in DIN A2

Auf den AB 2–4 werden die verschiedenen Haustiere unter den Aspekten Aussehen, Ernährung und Lebenserwartung gegenübergestellt. Die Ergebnisse können in einer tabellarischen Übersicht zusammengefasst und beliebig ergänzt werden: *Wie schwer sind die Tiere? Welche Eigenschaften haben sie? Wie groß werden sie? Welche Laute geben sie von sich? ...* Dazu können die Schüler zuerst Vermutungen äußern, bevor sie in Recherche-Teams die Informationen zu den verschiedenen Tieren erarbeiten. Die Kinder, die eines der Tiere zu Hause besitzen oder besaßen, sollten auf jeden Fall als Experten gestärkt werden. Es ist aber auch empfehlenswert, Eltern, Tierhalter, -züchter oder -ärzte in den Unterricht miteinzubeziehen.

Um die Bedürfnisse von Haustieren zu erkennen, erscheint ein Rollenspiel (z. B. „Treffen der Haustiere") besonders geeignet. Die Fingerpuppen von AB 5 sind dafür zweckdienlich, aber auch andere Spiele, wie „Tierfamilien zusammenstellen", „Tierfangen" (funktioniert wie Fangen-Spielen, nur die Fortbewegung muss zum entsprechenden Tier, das hochgehalten wird, passen), Theater, Rätsel, ... Anschließend können die Schüler aus Sicht der Tiere berichten: *Was gefiel mir (nicht)? Was wünsche ich mir? ...* Zur Vertiefung kann darauf eingegangen werden, welche Haustiere zusammenpassen und welche nicht.

Auf AB 6 können die Schüler ihr Lieblings-Haustier zeichnen. Im Anschluss können weitere Informationen gesammelt und ein Steckbrief oder Poster dazu erstellt werden.

Wird der Schwerpunkt nun auf ein bestimmtes Tier gelegt (bei der Wahl können die Schüler mitentscheiden), kann der Lehrer oder ein Kind das entsprechende Tier oder ein Foto/Poster mitbringen. Alternativ kann mit einem Tierrätsel (in Ich-Form) auf das Tier eingestimmt werden, z. B. beim Hund: *Ich kann sehr gut riechen, mein Geruchssinn ist sehr ausgeprägt. Mein Körper ist fast überall mit Fell bedeckt. Mein Gehör ist ausgezeichnet. Mit meinem Schwanz kann ich zeigen, wie ich mich fühle. Ich kann kräftig zubeißen. Ich kann bellen.* Die Kinder melden sich, wenn sie meinen, das Tier erraten zu haben. Erst wenn dies fast alle Kinder angezeigt haben, darf ein Schüler die Lösung verkünden.

Die Schüler nennen ihre spontanen Assoziationen zum betreffenden Haustier. Die Begriffe können unsortiert oder als Cluster/Mindmap an der Tafel gesammelt werden. Das Poster oder Bild des Tieres in der Mitte der Tafel vervollständigt diese erste Ideensammlung. Abschließend berichten die Schüler von ihren Erfahrungen mit dem Tier.

Anhand der konkreten Fragen auf AB 7 sollen die Schüler ihre Vermutungen rund um das Tier äußern. Dazu bilden sie Gruppen und erhalten eine (bei kleineren Klassen auch zwei) Frage(n) sowie fünf bis zehn Karteikarten für ihre Notizen. Nach einer viertelstündigen Bearbeitungszeit sammelt der Lehrer die Vermutungen, am besten als Mindmaps an einer Seitentafel oder rund um das Poster. So kann die große Bandbreite des Vorwissens erfasst werden. Zum Abschluss der Einführung äußern die Schüler, was sie gerne über das Tier erfahren möchten. Die Fragen der Kinder werden aufgeschrieben, gesammelt und geordnet – sie bilden die Grundlage für den weiteren Unterrichtsverlauf.

Differenzierungsmöglichkeiten:
1. Nach der Bearbeitung von AB 1 können die Schüler ihr Lieblingshaustier zeichnen oder Steckbriefe zu einem Haustier ihrer Wahl anfertigen.
2. Leistungsstärkere Schüler oder höhere Klassen können kurze Texte zu den Haustieren schreiben, z. B. anhand von Fotos. Satzanfänge erleichtern den Beginn der Arbeit, wenn Kinder keine direkten Erfahrungen mit Haustieren haben: *Auf dem Schulweg ... In der Nachbarschaft ... Bei Bekannten ... Bei meiner Tante/meinem Onkel ...*
3. Die Fragen von AB 7 können im Plenum rein mündlich beantwortet und gesammelt werden. Dazu kann der Lehrer die Fragekärtchen vergrößern und als Stichworte an die Tafel pinnen.
4. Der Lehrer kann jedem Schüler das gesamte AB 7 zur Verfügung stellen. Die Schüler beantworten dann alle Fragen eigenständig und vergleichen ihre Antworten.

Kompetenzen: Sprechen üben, erzählen und Gespräche führen; Wortschatz erweitern; Verstehend zuhören; Natur entdecken und erleben; Ideen und Ergebnisse präsentieren und darstellen; Mit Medien umgehen; Kultur erleben; Kreatives Gestalten; Feinmotorik ausbauen; Konzentration schulen und Interesse wecken; Soziale Kompetenzen entwickeln; Werte erfahren

Lösungen:
AB 1: Heimtiere sind domestiziert und werden vom Menschen zum Zwecke der Zuwendung und Freude in seiner Nähe (Haus, Wohnung, Garten, ...) gehalten. Eine klare Abgrenzung von Haustieren gegenüber anderen Tierarten ist kaum möglich. So können beispielsweise auch Schweine, Reptilien (wie Schlangen) ect. als Heimtiere gehalten werden, obwohl sie nicht zu den klassischen Heimtieren gehören. Zu diesen zählen: *Hunde, Katzen, Kaninchen, Meerschweinchen, Hamster, Mäuse, Vögel (besonders Wellensittiche und Papageien) und Schildkröten.*
AB 2: *Hundeschnauze (zum Fressen, Riechen, Atmen, ...), Katzenschwanz (zur Steuerung und zum Halten des Gleichgewichts), Hamsterbacke (zum Transport von Nahrung), Mäuseohr (zum Hören), Schildkrötenpanzer (zum Schutz), Vogelfeder (zum Fliegen und zum Schutz)*
AB 3: Hamster: *Karotte und Körner*, Wellensittich: *Hirsering*, Katze: *Dose Katzenfutter*, Maus: *Käse*, Hunde: *Hundeleckerli*, Schildkröte: *Salat (aber auch Hamster fressen Käse; Mäuse fressen Karotten und Körner, ...).*
AB 4: Alter: Hamster: *2–4 Jahre,* Hund: *15–20 Jahre,* Katze: *bis 20 Jahre,* Maus: *bis 3 Jahre,* Schildkröte (im Haus): *bis 40 Jahre,* Wellensittich: *15–20 Jahre.*
Fortbewegung: Schildkröte: *kriechen, schleichen, klettern;* Hund: *schleichen, springen, schwimmen;* Wellensittich: *fliegen, flattern, hüpfen, klettern, hangeln;* Maus und Hamster: *flitzen, springen, sausen, klettern, huschen, trippeln, balancieren;* Katze: *(an)schleichen, springen, stolzieren, spazieren, flitzen.*

Tipps für den Unterricht

Name: _____ Datum: _____

Welche Tiere leben im Haus?

Kreise alle Tiere ein, die als Haustiere gehalten werden können!

Wie unterscheiden sich Heimtiere von anderen Tieren, wie z. B. Bauernhoftieren, Zootieren oder wild lebenden Tieren?

_____

_____

AB 1 Einführung

Name: _____ Datum: _____

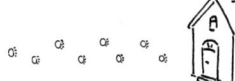

Was gehört zu welchem Tier?

Schneide die Bildkarten rechts aus und klebe sie zum passenden Tier!
Überlege dir, welche Aufgaben die abgebildeten Körperteile haben, und schreibe sie daneben!

Katze		
Schildkröte		
Wellensittich		
Maus		
Hamster		
Hund		

Über welches Tier willst du mehr erfahren? _____

AB 2 Aussehen

Name: _____ Datum: _____

Wer frisst was?

Verbinde die Tiere mit dem passenden Futter!

Hamster
Wellensittich
Katze
Maus
Hund
Schildkröte

Zeichne auf der rechten Seite noch weiteres Futter zu den einzelnen Tieren dazu!

AB 3 Ernährung

Name: _____ Datum: _____

Wie alt werden die Tiere?

Wenn man vor hat, ein Tier zu sich nach Hause zu holen, muss man bedenken, dass man für eine lange Zeit die Verantwortung dafür übernimmt. Diese Zeit kann sehr unterschiedlich lang sein.

Überlege: Wie lange leben die Tiere ungefähr? Trage deine Vermutungen in die linke Spalte ein!

meine Vermutung	Haustiere	tatsächliche Lebenserwartung
	Hamster	
	Hund	
	Katze	
	Maus	
	Schildkröte	
	Wellensittich	

Finde heraus (Fachbücher, Internet, ...), wie alt die Tiere tatsächlich werden können, und trage deine Ergebnisse in die rechte Spalte ein!

Die Tiere können sich auf unterschiedliche Arten „fortbewegen". Welche passenden Wörter fallen dir dafür ein?

Schildkröte: kriechen, _____

Hund: _____

Wellensittich: _____

Maus: _____

Hamster: _____

Katze: _____

AB 4 Lebensweise

Name: _____   Datum: _____

Wir basteln Fingerpuppen!

Male die Vorlage aus und klebe sie auf Pappkarton oder starkes Tonpapier.
Schneide die Fingerpuppen aus und klebe sie jeweils zu einer Röhre zusammen.

AB 5 Basteln

Name: _____ Datum: _____

Mein Lieblings-Haustier

Es heißt: _____

Es frisst: _____

AB 6 Aussehen/Ernährung

Name: _____ Datum: _____

Was muss ich über _____ wissen?

Stelle Vermutungen an und notiere:

- Welche Bedürfnisse haben sie?
- Wie sehen sie aus?
- Wo leben sie in der Natur? Wie ist dort (heiß, kalt, …)?
- Welches Futter brauchen sie?
- Wie viel Platz brauchen sie?
- Welche Pflege brauchen sie?
- Wie alt können sie werden?
- Wie groß können sie werden?
- Wie und wo kann ich sie unterbringen?
- Wie viele Junge bekommen sie?

Vergleiche die Notizen in der Klasse.

Was möchtest du noch über diese Tiere erfahren?

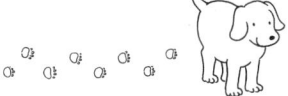

Tipps für den Unterricht

Einheit: Familie und Aussehen

Zu Beginn der Unterrichtsreihe werden mithilfe von AB 1 die Begrifflichkeiten der Hundefamilie (Rüde, Hündin, Welpe) geklärt, damit sie im nachfolgenden Unterricht richtig verwendet werden können.

Im 2. Teil des AB wird den Schülern eine Auswahl an verwandten Tieren des Hundes vorgestellt. Höhere Klassen können dieses Thema vertiefen, indem sie weitere Informationen zu den Tieren erarbeiten.

Material:
- AB 1, 2, 3 und 4
- Tierlexika (z. B. Meine große Tierbibliothek: Der Hund)
- Internetzugang
- Buntstifte

AB 2 und 3 beschäftigen sich mit dem Aussehen und den Körperteilen des Hundes. Die Schüler sehen sich die Umrisszeichnung auf AB 2 genau an und beschriften sie in Einzel-, Partner- oder Gruppenarbeit, bevor sie sich mit den weiteren Fragen und dem Lückentext auf AB 3 auseinandersetzen. Dazu benötigen die Schüler Nachschlagewerke oder die Möglichkeit, im Internet zu recherchieren. Beim Abdruck der Hundepfote ergibt sich die Schwirigkeit, dass beim Abdruck nur vier Zehen zu sehen sind, der Hund aber fünf besitzt. Die fünfte Zehe steht so hoch, dass sie am Boden keinen Abdruck hinterlässt.

Da es sehr viele Hunderassen gibt, ist auf AB 4 nur eine Auswahl an markanten und bekannten Rassen gegeben. Trotzdem kann nicht davon ausgegangen werden, dass die Bezeichnungen der abgebildeten Hunderassen rechtschriftlich gesichert sind. So ist ein selbstständiges Recherchieren erforderlich (Sachbücher, Internet). Nach der Bearbeitung des AB können (z. B. in Rechercheteams) weitere Informationen zu den Rassen erarbeitet und der Klasse vorgestellt werden.

Differenzierungsmöglichkeiten:
1. Je nach Leistungsvermögen können auf dem AB 1 die eingetragenen Tierbezeichnungen unten entfernt werden. Diese müssen die Schüler dann selbst herausfinden.
2. Für lernstarke Schüler können auf dem AB 2 die Lösungswörter entfernt werden, sodass die Schüler selbst passende Begriffe finden müssen. Alternativ können vom Lehrer eigene Wortkärtchen mit richtigen und falschen Begriffen angefertigt werden, aus denen die Schüler die korrekten finden und zuordnen müssen oder die Wortvorlagen werden im Klassenraum bereitgestellt (als Hilfe bei Rechtschreibschwierigkeiten oder als Möglichkeit zur Selbstkontrolle).
3. Auf AB 4 kann der Lehrer bei der zweiten Aufgabenstellung eine Rasse vorgeben, wenn ein Kind keine eigene Idee hat.

Kompetenzen: Sprechen üben, erzählen und Gespräche führen; Wortschatz erweitern; Verstehend zuhören; Schreibfähigkeiten festigen; Lesefähigkeiten ausbauen; Natur entdecken und erleben; Ideen und Ergebnisse präsentieren und darstellen; Mit Medien umgehen; Konzentration schulen und Interesse wecken; Soziale Kompetenzen entwickeln

Lösungen:
AB 1: Familienmitglieder: *Rüde, Hündin, Welpe. Eine Hündin ist ein weiblicher Hund. Ein Rüde ist ein männlicher Hund. Ein Welpe ist ein junger Hund (bis 1 1/2 Jahre).*
Verwandte: *Wolf, z. B. Fuchs, Wildhund, Marderhund, …*

AB 2:
Wie viele Zehen hat der Hund? *Der Hund hat fünf Zehen, aber ein Zeh steht so hoch, dass er im Boden keinen Abdruck hinterlässt.*
Welches Körperteil wird beim Hund als „Fang" bezeichnet? *Als Fang werden die Schnauze und das Maul mit den Lefzen bezeichnet.*
AB 3: Körperteile in der richtigen Reihenfolge: *Zitzen, Fell, Zunge, Zähne, Nase, Ohren, Augen, Pfoten, Schwanz, Krallen.*
Können Hunde schwimmen? *Grundsätzlich haben Hunde die körperlichen Voraussetzungen, um schwimmen zu können – die meisten können es auf Anhieb sehr gut. Dennoch können es, wie beim Menschen, manche besser und andere schlechter, aber auch beim Hund kann es durch Training verbessert werden.*
AB 4: 1. *Mops*, 2. *Schäferhund*, 3. *Dackel*, 4. *Bernhardiner*, 5. *Pudel*, 6. *Dalmatiner*, 7. *Dogge*, Lösungswort: *SEEHUND*

Einheit: Herkunft und Entwicklung

Die Abstammung der Hunde von den Wölfen dürfte den meisten Kindern bekannt sein. Trotzdem ist die Auseinandersetzung mit den Besonderheiten der Wölfe auf AB 5 wichtig, um z. B.

Material:
- AB 5 und 6
- Tierlexika
- Internetzugang

Verhaltensweisen der Hunde zu verstehen. Die erste Aufgabe kann sehr differenziert gelöst werden. Eine eigenständige Recherche (Bücher, Internet) ist aber sicher erforderlich. Die Ergebnisse sollten vorgestellt, ergänzt und im Klassenraum präsentiert werden.

Bei der zweiten Aufgabe ist die Kreativität der Kinder gefordert. Sie können eine der dargestellten Situationen auswählen oder sich eine neue ausdenken und einen Text dazu verfassen. Nach dem Vorlesen der Texte durch die Schüler sollen die Zuhörer beurteilen, ob die geschilderte Situation plausibel ist oder nicht und ihre Meinung begründen.

Auf AB 6 lernen die Schüler wichtige Abschnitte in der Entwicklung eines Welpen kennen und begegnen dabei verschiedenen Fachbegriffen. Eine zusätzliche Recherche durch die Schüler ist hierbei erwünscht und wohl erforderlich (Sachbücher, Internet, Experten, …). Die angegebenen Buchstaben und das Lösungswort ermöglichen eine Selbstkontrolle.

Differenzierungsmöglichkeiten:
1. Vor Beginn der Schreibphase zu AB 5 kann sich der Lehrer mit den Schülern, die Hilfe benötigen, zusammensetzen und gemeinsam Ideen, Wörter oder Satzanfänge entwickeln.
2. Nach der Bearbeitung von AB 6 können die Schüler weitere Umrechnungsbeispiele in die Tabelle eintragen oder sich eigene Rechengeschichten zum Thema Hund überlegen (z. B. Ein Hund läuft jeden Tag 3 km, …).

Kompetenzen: Sprechen üben, erzählen und Gespräche führen; Wortschatz erweitern; Verstehend zuhören; Schreibfähigkeiten festigen; Texte schreiben; Lesefähigkeiten ausbauen; Texte erschließen; Natur entdecken und erleben; Ideen und Ergebnisse präsentieren und darstellen; Mit Medien umgehen; Soziale Kompetenzen entwickeln

Lösungen:
AB 6: Lösungswort: *SPIELEN*
Menschenjahre: *21, 35, 63, 105*

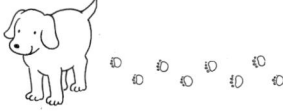

Einheit: Verhalten

Hunde können sehr unterschiedliche Stimmungen und Gefühle haben und diese auch ausdrücken. Bei der Auseinandersetzung mit diesem Aspekt auf AB 7 wird den Kindern deutlich, dass

Material:
• AB 7 und 8
• Tierlexika
• Internetzugang

der Hund eine breite Palette von Ausdrucksmöglichkeiten hat und dabei Stimme, Ohren, Schnauze, Fell, Schwanz und Körperhaltung einsetzt. Bei der Stimme und den Schwanzbewegungen wird die Variationsbreite besonders deutlich. Gleichzeitig dient die zweite Aufgabe der Erweiterung des Wortschatzes.

Um die genaue Wahrnehmung geht es bei der unteren Aufgabe. Bei diesem Rechercheauftrag (Sachbücher, Internet) werden die Kinder noch viele weitere Varianten kennenlernen. Über viele Jahrhunderte hinweg haben Menschen Hunde gezüchtet. Heute gibt es sehr viele Rassen, die sich durch verschiedene Merkmale unterscheiden. Dies stellt AB 8 ins Zentrum. Die Zuordnung der Texte lässt sich aus den Beschreibungen erschließen. Bei der zweiten Aufgabe geht es darum, sich konkret mit der eigenen Einstellung, den Wünschen und Vorlieben auseinanderzusetzen. Im nachfolgenden Schritt ist dann eine gezielte Recherche (Sachbücher, Internet) erforderlich, um eine passende Hunderasse zu finden.

Differenzierungsmöglichkeiten:

1. Die zweite Aufgabe auf AB 7 kann auch gemeinsam mit der ganzen Klasse an der Tafel erarbeitet werden. Als Hilfe zum Finden weiterer Verben können weitere Purzelwörter angeboten werden: z. B. bellen, jaulen, knurren, brummen, fiepen, …
2. Zusatzfrage zu AB 7: Was kann ein Hund alles? *(sitzen, springen, schwimmen, tauchen, wachen, schlafen, kriechen, jagen, …)*
3. Als Zusatzaufgabe zu AB 8 ist denkbar, die Schüler Berichte und/oder Abbildungen von Nutzhunden suchen zu lassen.
4. Im Anschluss an die Bearbeitung von AB 8 können die Kinder gemeinsam eine Hunde-Kartei erstellen. Dazu Karteikarten ausgeben und mit den Kindern absprechen, wie sie gegliedert werden sollen und was darauf festgehalten werden soll, z. B. Rasse, Aussehen, Eigenschaften, Abbildung, …
5. Als Zusatzaufgabe zu AB 8 kann der Lehrer Eigenschaften vorgeben (z. B. Schnelligkeit, Wachsamkeit, Gehorsam, Pünktlichkeit, Gelehrigkeit, Schönheit, Seltenheit, Höflichkeit, Kraft, Anhänglichkeit, Faulheit, besonders gutes Hören, Fleiß, besonders gutes Riechen), von denen die Schüler diejenigen Wörter kennzeichnen, die zum Hund passen.

Kompetenzen: Sprechen üben, erzählen und Gespräche führen; Wortschatz erweitern; Schreibfähigkeiten festigen; Lesefähigkeiten ausbauen; Texte erschließen; Alltagsphänomene entdecken und erforschen; Natur entdecken und erleben; Fachbegriffe richtig verwenden und zu Sachthemen argumentieren; Ideen und Ergebnisse präsentieren und darstellen; Mit Medien umgehen; Soziale Kompetenzen entwickeln; Werte erfahren

Lösungen:
AB 7: Körperteile: *Ohren, Schnauze, Schwanz, Fell, Haltung, Stimme*
Geräusche: *winseln, bellen, jaulen, knurren, brummen, fiepen, heulen, hecheln, …*

Körpersprache:

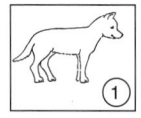  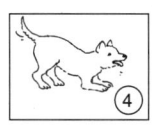 

AB 8: *JAGDHUNDE, MERKMAL*

Einheit: Haltung und Ernährung

Die meisten Kinder lieben Hunde und wären sicher begeistert, wenn sie einen Hund als Haustier halten dürfen. Bei der Thematisierung dieses Aspektes muss den Kindern deutlich werden,

Material:
• AB 9 und 10
• Tierlexika
• Internetzugang

dass das Aufnehmen eines Hundes in die Familie eine große Verantwortung für alle Familienmitglieder und für viele Jahre bedeutet. Hierbei hilft AB 9. Davor oder danach sollen sich die Schüler in der Klassengemeinschaft oder in Kleingruppen (zusätzliche) Fragen überlegen, die man sich stellen muss. Erst dann ist eine gezielte Einschätzung der eigenen Situation für jedes Kind sinnvoll. Abschließend könnten die Alternativen besprochen werden für den Fall, dass man keinen Hund haben kann (evtl. anderes Haustier, Expertenwissen aneignen, bis zu einem späteren Zeitpunkt warten, Abbildungen sammeln, Hund des Nachbarn Gassi führen, im Tierheim helfen, …).

Ein Hundehalter muss alle Bedürfnisse des Hundes berücksichtigen. Dass dies sehr viele und sehr unterschiedliche sind, wird bei der Auseinandersetzung mit den Abbildungen auf AB 10 deutlich. Sicherlich haben einige Schüler schon einmal Tiere gefüttert, obwohl dort ein Schild mit der Aufschrift „Bitte nicht füttern!" hing. Oft fehlt das Bewusstsein, dass die falsche Ernährung für Tiere sehr gefährlich sein kann. Ein Stückchen Schokolade für den Hund ist vielleicht lieb gemeint, aber für Hunde lebensgefährlich. Schokolade und andere Kakaoprodukte enthalten den Wirkstoff Theobromin, der vom Hundekörper nicht verarbeitet wird und auf Dauer Herzkrankheiten verursacht. Auch andere Arten von Süßigkeiten sowie stark gewürzte Speisen, Geflügelknochen, Zwiebeln, Knoblauch, Tomaten usw. können Hunde krank machen und bei hoher Dosierung zum Tod führen.

Differenzierungsmöglichkeiten:

1. Leistungsstärkere Schüler können die Bilder auf AB 10 in unterschiedlichen Farben markieren (Ernährung, Pflege, Zubehör, …) oder eine entsprechende Tabelle erstellen. Diese kann anschließend beliebig ergänzt werden.
2. Der Rechercheauftrag auf AB 10 kann auch mithilfe von Zeitschriften und Prospekten von Tierhandlungen bearbeitet werden.
3. Als Zusatzaufgabe zu AB 10 kann recherchiert werden, was ein Hund lernen muss.

Kompetenzen: Sprechen üben, erzählen und Gespräche führen; Zahlen, Formen und Muster begreifen; Alltagsphänomene entdecken und erforschen; Natur entdecken und erleben; Gesundheit und Ernährung verstehen lernen; Fachbegriffe richtig verwenden und zu Sachthemen argumentieren; Ideen und Ergebnisse präsentieren und darstellen; Mit Medien umgehen; Soziale Kompetenzen entwickeln; Werte erfahren

Lösungen:
AB 10: Hunde benötigen: *Trockennahrung, Büffelhautknochen, Fress- und Wassernapf, Korb mit Decke, Halsband, Leine, Bürste, Shampoo, Flohpulver, Spielzeug, Tierarzt,*

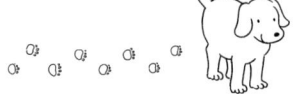

Gemüse, Wurst, Fleisch, Maulkorb (nur bestimmte Rassen). Hunde brauchen aber auch: *Liebe, Auslauf, Beschäftigung, Lob, Erziehung, Pflege, Zeit, Ruhe ...*

Einheit: Abschluss mit fächerübergreifenden Ideen

Bei der Auseinandersetzung mit dem Gedicht „Fips" von Christian Morgenstern auf AB 11 soll den Kindern deutlich werden, dass Hunde (auch alle anderen Tiere) kein Spielzeug sind. Die Schüler lesen den Text, in dem einem kleinen Hund Accessoires für Menschen geschenkt werden. Die Kinder zeigen, dass sie den Sinn entnehmen können, indem sie den Schlips und das Glöcklein einzeichnen. Falls der Begriff „Schlips" nicht bekannt ist, kann die Klasse ihn gemeinsam klären oder recherchieren. Wichtig ist hierbei, dass es auch zu Diskussionen kommt, in denen die Kinder ihre Meinung darstellen und begründen. Die Recherche zum Begriff „Hoffart" ist vonnöten, wenn er nicht in der Klasse geklärt werden kann.

Material:
- AB 11, 12, 13 und 14
- Tierlexika
- Internetzugang
- Papier, Klebstoff
- Papprollen, Karton, Butterbrotpapier, weicher Bleistift
- Pappe

Mit den AB 12 und 13 wird nun gemeinsam gebastelt! Für den Hund Rolli wird zum Gestalten Wegwerfmaterial verwendet, das in jedem Haushalt anfällt: Papprollen von Küchentüchern oder Toilettenpapier. Dabei kann das Thema „Umweltschutz" angesprochen oder in einer nachfolgenden Unterrichtseinheit behandelt werden. Der Hund kann nach der angebotenen Vorlage angefertigt oder auch nach eigenen Vorstellungen gebastelt werden. Es können natürlich auch mehrere Exemplare pro Kind hergestellt werden.

Die zweite Gestaltungsmöglichkeit auf AB 12 ist vielseitig anwendbar und (fast) kostenlos. Benötigt werden dazu nur ein Stück Butterbrotpapier und ein weicher Bleistift.

Zum Abschluss der Einheit eignet sich ein Memory®-Spiel (zu spielen in der Klassengemeinschaft, in Kleingruppen oder mit einem Partner) mit Fragen und Antworten, um den Lernzuwachs zu festigen. Die Karten können aber auch flexibel als Quiz-Fragen eingesetzt werden. Ebenso ist es möglich, dieses Blatt bereits am Anfang der Unterrichtseinheit zu verwenden und die Antworten von den Schülern durch eigene Recherche finden zu lassen.

Differenzierungsmöglichkeiten:

1. Als Zusatzaufgabe zu AB 11 eignet sich die Frage: Was wären sinnvollere Geschenke für den Hund gewesen?
2. Nach der Bearbeitung von AB 11 können die Schüler selbst ein Hundegedicht schreiben!
3. Papprollen lassen sich auch zur Gestaltung anderer Tiere verwenden. Hier gibt es viele Möglichkeiten, Figuren kreativ herzustellen.
4. Nach der Fertigstellung von „Rolli" kann man durch die gebastelten Hunde je einen Faden ziehen und sie dann wie Marionetten zum Spielen benutzen.
5. In Anlehnung an die Memory®-Karten auf AB 14 können sich die Schüler weitere Fragen überlegen und so das Spiel erweitern.

Kompetenzen: Sprechen üben, erzählen und Gespräche führen; Wortschatz erweitern; Verstehend zuhören; Lesefähigkeiten ausbauen; Texte erschließen; Zahlen, Formen und Muster begreifen; Fachbegriffe richtig verwenden und zu Sachthemen argumentieren; Mit Medien umgehen; Kultur erleben; Kreatives Gestalten; Feinmotorik ausbauen; Soziale Kompetenzen entwickeln; Werte erfahren

Lösungen:

AB 11: Geschenke: *gelb-roter Schlips, Glöckchen*
Hoffart: *veraltet für Hochmut, Überheblichkeit*

AB 14: Was bedeutet Retriever? *Es ist ein englisches Wort und bedeutet, dass der Hund gejagtes Wild zum Jäger zurückbringt.* Wie sieht der Abdruck einer Hundepfote aus? *Ein Handballen und vier Zehenballen mit Krallen.* Wie viel Mal besser als Menschen können Hunde riechen? *Eine Million Mal.* Wie oft im Jahr kann das Weibchen Junge bekommen? *Zwei Mal.* Welche Hunderassen gibt es? *Dalmatiner, Schäferhund, Dogge, Dackel, Mops, ...* Wie lange trinken die Welpen Muttermilch? *Sie saugen bis zur siebten Lebenswoche.* Was unterscheidet Rüde und Hündin? *Der Rüde ist größer und kräftiger als die Hündin und sein Fell ist länger.* Was ist eine läufige Hündin? *Eine Hündin, die paarungsbereit ist.* Woran erkennt man, wie es einem Hund geht? *Man erkennt es am Blick des Hundes und daran, wie er den Schwanz und die Ohren hält.*

Tipps für ein Stationentraining

Folgende Arbeitsblätter eignen sich besonders, um sie zu einem Stationentraining zusammenzustellen, bei dem die wichtigsten Aspekte zum Thema Hund abgehandelt werden: AB 1, AB 3, AB 4, AB 6, AB 7, AB 10 und AB 14.

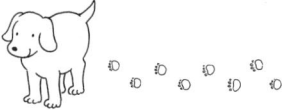

Name: _____   Datum: _____

Wer gehört zur Hundefamilie?

Vater, Mutter, Kind – wie heißen die Mitglieder der Hundefamilie?
Beschrifte die Abbildungen und verbinde die Bezeichnungen mit den richtigen Erklärungen!

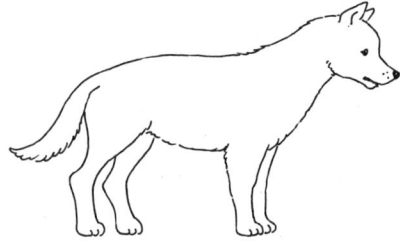  

_____   _____   _____

Eine Hündin   ist ein junger Hund (bis 1 $\frac{1}{2}$ Jahre).

Ein Rüde   ist ein weiblicher Hund.

Ein Welpe   ist ein männlicher Hund.

Hier siehst du einige Verwandte des Hundes. Kreise alle Tiere ein, die du schon einmal im Zoo, in einem Buch, in einem Film oder sonst irgendwo gesehen hast!
Ergänze die fehlende Bezeichnung!
Kennst du noch einen weiteren Verwandten? Zeichne ihn in das leere Feld und schreibe seinen Namen dazu.

Kojote   Schakal   Löffelhund

_____

AB 1 Familie

Name: _____ Datum: _____

Wie sieht ein Hund aus?

Beschrifte die Skizze mit den richtigen Begriffen!

| Ohren Fell |
| Pfoten Schnauze |
| Schwanz Lefzen |
| Augen Krallen |

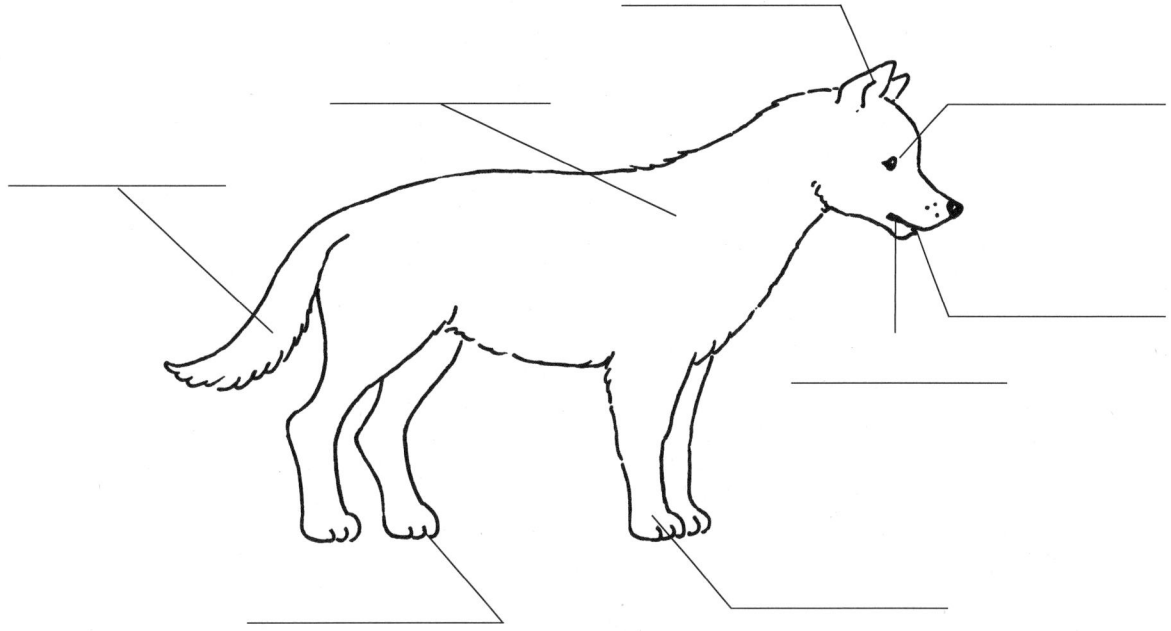

Welcher Pfotenabdruck gehört zum Hund? Kreuze den richtigen an!

Überlege und informiere dich:

Wie viele Zehen hat der Hund?

_____

Welches Körperteil wird beim Hund als „Fang" bezeichnet?

_____

Hilfe findest du in „Meine große Tierbibliothek: Der Hund".

AB 2 Aussehen

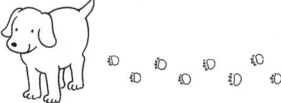

Name: _____ Datum: _____

Was leisten die Körperteile des Hundes?

Setze die passenden Körperteile ein!

Die Hündin hat auf jeder Bauchseite mehrere _____, an denen die Welpen Milch saugen können.

Das _____ schützt den Hund vor Kälte, Nässe, Hitze und Verletzungen.

Die _____ benutzt der Hund auch zum Abkühlen, wenn es ihm zu heiß ist.

Die _____ sind sehr scharf und der Biss des Hundes sehr kräftig.

Mit der _____ kann der Hund etwa eine Million Mal besser Gerüche wahrnehmen als der Mensch.

Mit seinen empfindlichen _____ nimmt der Hund Geräusche wahr, die wir Menschen nicht hören können (z. B. sehr hohe Töne).

Die _____ sind nach vorne ausgerichtet und können daher Entfernungen gut einschätzen.

Die _____ sind auf der Unterseite mit weichen Ballen gepolstert. Dort sind Schweißdrüsen vorhanden, sodass der Hund auf der Unterseite der Pfoten schwitzt.

Der _____, man nennt ihn auch Rute, zeigt die Stimmung des Hundes an.

Die _____ ermöglichen dem Hund, Erdlöcher zu graben.

| Augen | Fell | Krallen | Nase | Ohren |
| Pfoten | Schwanz | Zähne | Zitzen | Zunge |

Informiere dich: Können Hunde schwimmen?

_____

18 AB 3 Aussehen   Lies dazu in „Meine große Tierbibliothek: Der Hund".

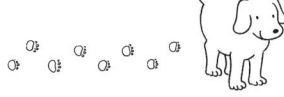

Name: _____ Datum: _____

Hund ist nicht gleich Hund

Kennst du dich mit Hunderassen aus?

Das Lösungswort _ _ _ _ _ _ _ bezeichnet einen Hund, der gar keiner ist.

Welche Rassen kennst du noch?

_____

_____

Zeichne eine Rasse in ihren richtigen Farben auf die Rückseite deines Blattes!

Informiere dich über eine der Rassen genauer und fasse deine Ergebnisse zusammen (Referat, Steckbrief, Plakat, Collage, …)!

Hilfe findest du in „Meine große Tierbibliothek: Der Hund".

AB 4 Aussehen/Familie

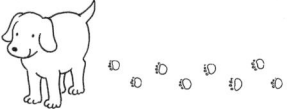

Name: _____ Datum: _____

Woher kommen unsere Hunde?

Hunde gehören zu den Raubtieren und waren früher Wildtiere, keine Haustiere. Der Wolf gilt als der Vorfahre unserer Haushunde.

Suche Informationen über Wölfe, trage deine Ergebnisse zusammen und präsentiere sie in der Klasse!

Irgendwann in der Steinzeit wurden Wölfe von den Menschen aufgenommen. Wie das genau war, weiß man nicht, da es damals noch keine Aufzeichnungen gab.

Denkbar wäre, dass …

… ein verletztes Tier von Menschen aufgenommen und dann zutraulich wurde.
… dass alleingelassene Welpen von Menschen aufgezogen wurden.
… dass ein Tier mit Essensresten gefüttert und dann anhänglich wurde.

… _____

… _____

Suche eine Möglichkeit aus und schreibe dazu eine Geschichte! Benutze die Rückseite des Blattes, falls die Zeilen nicht ausreichen.

_____
_____
_____
_____
_____
_____

AB 5 Herkunft/Familie

Name: _____ Datum: _____

Wie entwickeln sich Hundebabys?

Nummeriere die Textabschnitte in der richtigen Reihenfolge!
Die Buchstaben ergeben das Lösungswort.

- ( ) Etwa zweimal im Jahr ist eine Hündin paarungsbereit. — S
- ( ) Bis zur siebten Lebenswoche werden die Welpen gesäugt. Im Alter von zwei Monaten können die Welpen von ihrer Mutter getrennt werden. — N
- ( ) Die Augen der Welpen öffnen sich nach zehn bis zwölf Tagen. Nach 15 Tagen fangen die Hundebabys an zu hören. — L
- ( ) Bis zu zwölf Welpen können bei einem Wurf geboren werden. Die Hundebabys kommen mit dem Kopf voran auf die Welt. Sie sind noch blind und taub. — I
- ( ) Die jungen Hunde bekommen nach etwa 25 Tagen Milchzähne. Im Alter von ca. drei Wochen werden die ersten Schritte unternommen. — E
- ( ) Nach der Paarung entwickeln sich im Bauch der Hündin die Jungen. Etwa zwei Monate dauert die Entwicklung der Hundebabys (= Tragzeit). — P
- ( ) Nach der Geburt leckt die Hündin die Welpen sauber, dann saugen sie aus den Zitzen Milch. — E

Das machen Welpen besonders gerne: __ __ __ __ __ __ __ .

Hunde werden etwa 10–15 Jahre alt. Man sagt, dass 1 Hundejahr ungefähr wie 7 Menschenjahre zählt. Rechne aus:

Hundejahre	Menschenjahre
3	
5	
9	
15	

Lies dazu in „Meine große Tierbibliothek: Der Hund".

AB 6 Entwicklung

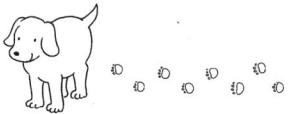

Name: _____ Datum: _____

Können Hunde mit uns sprechen?

Sprechen können Hunde natürlich nicht. Aber sie können uns mitteilen, wie sie sich fühlen oder was sie möchten. Hunde haben mehrere Möglichkeiten, ihre Stimmung oder ihre Bedürfnisse auszudrücken. Finde heraus, mit welchen Körperteilen sie das tun!

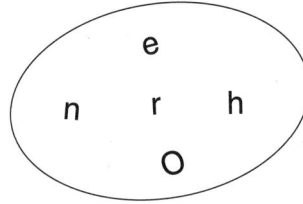

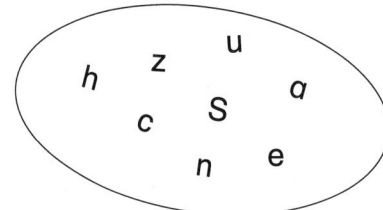

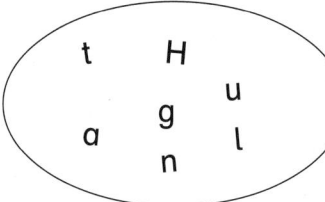

_____ _____ _____

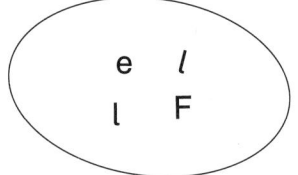

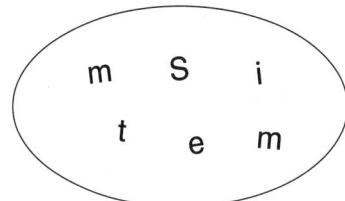

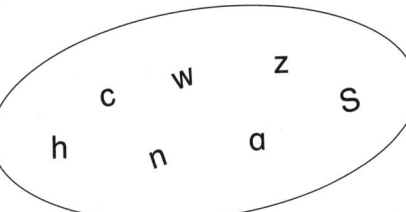

_____ _____ _____

Welche Geräusche kann ein Hund mit seiner Stimme machen?

kläffen, _____

_____

Besonders deutlich wird die Stimmung des Hundes durch seinen Schwanz angezeigt. Informiere dich über die Körpersprache des Hundes und finde die passenden Bilder zu den unterschiedlichen Stimmungen! Trage die Ziffern in die leeren Kreise ein.

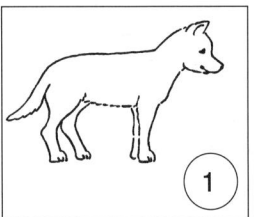

(1) Normale Haltung   (2) Konzentration   (3) Angst

(4) Aufforderung zum Spielen   (5) Freude   (6) Drohung

22 AB 7 **Verhalten**

Name: _____   Datum: _____

Welche Eigenschaften haben Hunde?

Heute gibt es weltweit etwa 400 verschiedene Hunderassen. Sie sind dadurch entstanden, dass die Menschen bewusst solche Tiere gepaart haben, die besondere Fähigkeiten oder Merkmale (z. B. Fell, Farbe, Größe, Ohren, Kopf, ...) oder ein gewünschtes Verhalten hatten.
Die ersten gezüchteten Hunderassen waren _ _ _ _ _ _ _ _ _ (A D D E G H J N U).

Bald aber haben die Menschen auch noch viele andere Fähigkeiten und die Intelligenz der Hunde erkannt und durch Züchtung gezielt verstärkt. So entstanden im Laufe von vielen Jahrhunderten Rassen, die für spezielle Aufgaben ausgebildet werden können.

Verbinde die Hunde mit den passenden Fähigkeiten und trage die richtigen Buchstaben in die Kreise ein.

○ **Wachhunde**	sind die treuen Gefährten und Freunde des Menschen. Sie begleiten, trösten, helfen, unterhalten, verstehen, ... **L**
○ **Hirtenhunde**	sind oft Helfer der Polizei auf der Suche nach Sprengstoff, Drogen oder gesuchten Personen. **M**
○ **Lawinenhunde**	bewachen Schafe, Ziegen oder andere Weidetiere und treiben sie in den Stall oder auf eine Weide. **E**
○ **Schlittenhunde**	spüren Verschüttete auf. **R**
○ **Spürhunde**	werden als Zugtiere gebraucht. **K**
○ **Blindenführhunde**	sind treue Begleiter von blinden Menschen, führen sie und erfüllen Kommandos wie „Bring ...!" oder „Hol ...!" **A**
○ **Begleithunde**	sind sehr aufmerksam und bewachen Wohnungen, Häuser, Bauernhöfe oder Werksgelände. **M**

Trage die Lösungsbuchstaben ein!

Jede Rasse hat ein bestimmtes _ _ _ _ _ _ _ .

Welche Eigenschaften sind dir bei einem Hund wichtig? Begründe!

_____

_____

_____

_____

Finde heraus, welche Hunderasse diese Eigenschaften hat! _____

Lies dazu in „Meine große Tierbibliothek: Der Hund".

AB 8 Verhalten

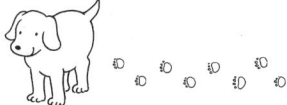

Name: _____ Datum: _____

Auf den Hund gekommen!

 Ein Hund kann ein toller Spielkamerad und Begleiter sein. Aber vor der Anschaffung eines Hundes muss einiges überlegt werden.
Teste selbst, ob ein Hund für dich wirklich als Haustier in Frage kommt!

	JA	NEIN
Darf in der Wohnung oder im Haus ein Hund gehalten werden?		
Ist die Wohnung groß genug?		
Ist die ganze Familie dafür, einen Hund anzuschaffen?		
Gibt es genügend Auslauf für einen Hund?		
Gibt es in der Familie Allergien?		
Wollen alle Familienmitglieder für viele Jahre Verantwortung für einen Hund übernehmen?		
Haben wir genügend Zeit für einen Hund (Gassi gehen, Pflege, Zuwendung, …)?		
Würde sich jemand in der Familie regelmäßig um die Pflege des Hundes kümmern?		
Könnten wir in den Ferien einen Hund mitnehmen oder unterbringen?		
Sind wir uns in der Familie über die Erziehung eines Hundes einig?		
Wollen wir beim Gassigehen immer eine Tüte mitnehmen, um den Hundekot aufzunehmen und richtig zu entsorgen?		
Würden wir auf eine Freude, Annehmlichkeit, Reise, … verzichten, weil wir den Hund nicht mitnehmen könnten?		
Haben wir genug Geld für Hundefutter, Zubehör, Tierarzt, Steuern, …?		

Finde noch weitere Punkte, die überlegt werden müssen!

AB 9 Haltung

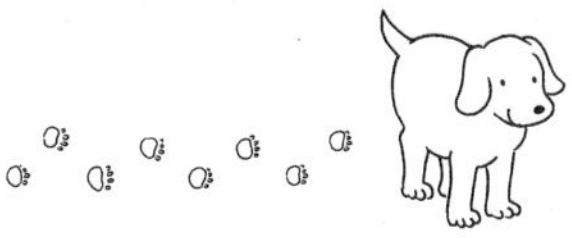

Name: _____ Datum: _____

Was braucht ein Hund?

Kreise ein, was ein Hund braucht!

Vermute, was der Unterhalt und das Zubehör kosten, und lege auf der Rückseite des Blattes eine Tabelle dafür an! Erkundige dich dann im Zoogeschäft, wie teuer es wirklich ist, und vergleiche!

Erkläre diesen Satz: Nicht alles, was ein Hund braucht, kann man kaufen!

Lies dazu in „Meine große Tierbibliothek: Der Hund".

AB 10 Haltung/Ernährung

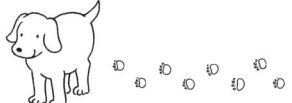

Name: _____ Datum: _____

Vom kleinen Fips

Fips

Ein kleiner Hund mit Namen Fips
erhielt vom Onkel einen Schlips
aus gelb und roter Seide.

Die Tante aber hat, o denkt,
ihm noch ein Glöcklein angehängt
zur Aug- und Ohrenweide.

Hei, war der kleine Hund da stolz!
Das merkt sogar der Kaufmann Scholz
im Hause gegenüber.

Den grüßte Fips sonst mit dem Schwanz;
jetzt ging er voller Hoffart ganz
an seiner Tür vorüber.

von Christian Morgenstern

Zeichne die Dinge ein, die der Onkel und die Tante dem Hund schenken!

Was bedeutet das alte Wort Hoffart?
_____
_____

Findest du es gut, so mit einem Hund zu spielen? Begründe deine Meinung!
_____
_____

AB 11 **Fächerübergreifend**

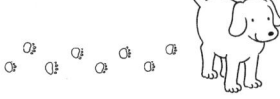

Name: _____ Datum: _____

Mein Hund Rolli

„Rolli" besteht aus Papprollenteilen (z. B. von einer Küchenrolle).
Du kannst die Vorlagen benutzen oder dir selbst überlegen, wie dein „Rolli" aussehen soll.

1. Schneide für den Körper und den Kopf Stücke von der Papprolle ab.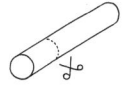

2. Schneide die Papprolle für das Kopfteil auf, lasse sie 2 cm überlappen und klebe sie wieder zusammen. Drücke die Rolle leicht flach.

3. Übertrage die Vorlagen für Ohren, Beine, Schwanz, Hals und Zunge auf Pappe (Reststücke oder eine andere Rolle verwenden) und schneide sie aus.

4. Klebe alle Teile zusammen.

5. Male Augen und Nase auf und gestalte Rolli je nach gewünschter Hunderasse.

Wenn du Hunde gerne magst, möchtest du vielleicht einige Dinge mit Hunden oder ihren Spuren verzieren. Das kannst du ganz einfach machen:

Du brauchst eine Vorlage (z. B. Pfotenabdruck), einen weichen Bleistift und Butterbrotpapier, das etwas größer als die Vorlage ist.

1. Lege das Butterbrotpapier auf deine Vorlage und spure das Motiv nach.
2. Drehe das Butterbrotpapier um und lege es auf Papier oder dünnen Stoff. Spure die Form nach.
3. So kannst du immer weiter machen und ganze Musterreihen nachzeichnen. Dazu musst du das Blatt jedes Mal umdrehen.

Natürlich kannst du diese Technik auch für jedes beliebige andere Motiv verwenden.

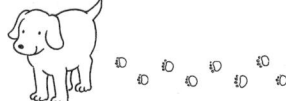

Mein Hund Rolli – Bastelvorlage

Schwanz

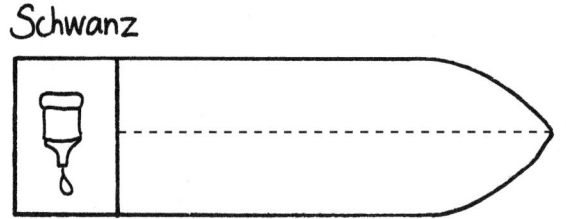

Ohr   Ohr

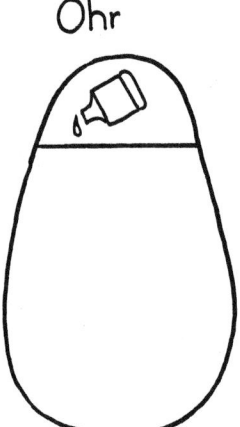   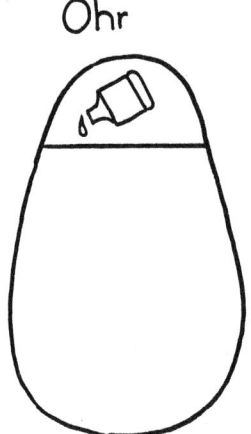

 Zunge

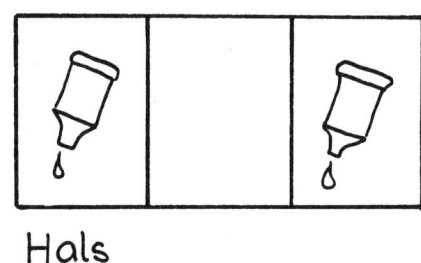

Hals

Bein   Bein   Bein   Bein

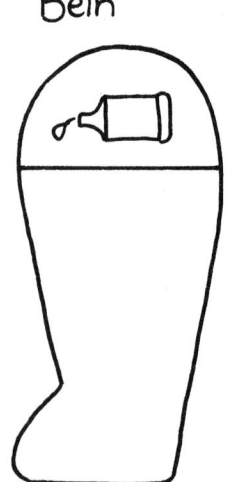 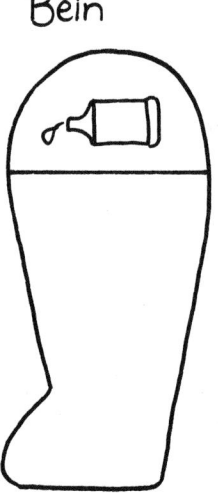 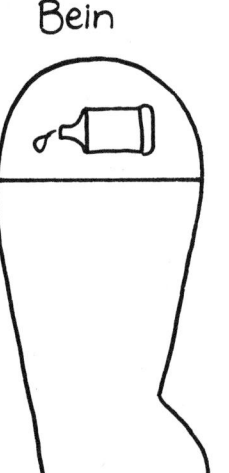 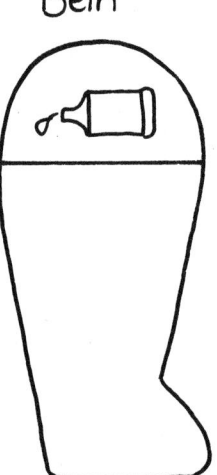

Name: _____ Datum: _____

Hunde-Memory®

Klebe das Blatt auf Pappe und schneide die Karten sorgfältig aus!
Finde die richtigen Antworten zu den Fragen!

Was bedeutet Retriever?	Wie sieht der Abdruck einer Hundepfote aus?	Wie viel Mal besser als Menschen können Hunde riechen?
Wie oft im Jahr kann das Weibchen Junge bekommen?	Welche Hunderassen gibt es?	Wie lange trinken die Welpen Muttermilch?
Was unterscheidet Rüde und Hündin?	Was ist eine läufige Hündin?	Woran erkennt man, wie es einem Hund geht?
Sie saugen bis zur siebten Lebenswoche.	Es ist ein englisches Wort und bedeutet, dass der Hund gejagtes Wild zum Jäger zurückbringt.	Zwei Mal.
Dalmatiner, Schäferhund, Dogge, Dackel, Mops, …	Eine Hündin, die paarungsbereit ist.	Man erkennt es am Blick des Hundes und daran, wie er den Schwanz und die Ohren hält.
Ein Handballen und vier Zehenballen mit Krallen.	Der Rüde ist größer und kräftiger als die Hündin und sein Fell ist länger.	Eine Million Mal.

„Meine große Tierbibliothek: Der Hund" hilft dir dabei!

Tipps für den Unterricht

Einheit: Familie und Aussehen

Sicher kennen alle Kinder Katzen. Trotzdem ist es wichtig, dass sie sich mit dem Aussehen und den wesentlichen Körperteilen des Tieres intensiver beschäftigen. Einen ersten Impuls setzt hierbei AB 1, auf dem die Schüler eine Katze richtig zusammensetzen, bevor sie wesentliche Körperteile beschriften.

Material:
- AB 1 und 2
- Tierlexika (z.B. Meine große Tierbibliothek: Die Katze)
- Internetzugang
- Schere, Klebstoff

Die Begrifflichkeiten der Katzenfamilie (Kater, Katze/Kätzin/Käterin, Kätzchen) sollten zu Beginn der Unterrichtseinheit geklärt werden, damit sie im nachfolgenden Unterricht richtig verwendet werden können. Gerade weil die Begriffe nicht eindeutig sind, ist eine gemeinsame Besprechung notwendig.

Die Katzenfamilie ist weltweit verbreitet und sehr vielgestaltig. Jedes Kind kennt z.B. Löwen und Tiger aus Büchern, dem Zoo und dem Fernsehen. Mit AB 2 wird deshalb an Bekanntes angeknüpft, aber die Einteilung in Großkatzen und Kleinkatzen mit ihren Gemeinsamkeiten und Unterschieden ist sicher für viele Kinder neu. Hier kann nochmals auf die Unterschiede zwischen Haus- und Zootieren bzw. wild lebenden Tieren eingegangen werden. Anschließend informieren sich die Schüler genauer über die unterschiedlichen Katzenrassen.

Differenzierungsmöglichkeiten:
1. Als Hilfsangebot für leistungsschwächere Kinder oder in den unteren Klassen können zusätzlich zum AB 1 Wortkarten mit den Körperteilen der Katze bereitgelegt werden.
2. Als Zusatzaufgabe zu AB 2 können die Schüler Groß- und Kleinkatzen in einer Tabelle gegenüberstellen und Gemeinsamkeiten und Unterschiede erarbeiten.
3. Nach der Bearbeitung von AB 2 können weitere Beispiele für Groß- und Kleinkatzen gesammelt werden oder der Lehrer bietet Abbildungen verschiedener Katzen an, die die Schüler an der Tafel nach Groß- und Kleinkatzen ordnen.

Kompetenzen: Sprechen üben, erzählen und Gespräche führen; Wortschatz erweitern; Verstehend zuhören; Natur entdecken und erleben; Ideen und Ergebnisse präsentieren und darstellen; Mit Medien umgehen; Feinmotorik ausbauen; Konzentration schulen und Interesse wecken; Soziale Kompetenzen entwickeln

Lösungen:
AB 1: Zentrale Körperteile der Katze: *Ohren, Augen, Nase, Tasthaare, Mäulchen, Zähne, Zunge, Pfoten, Krallen, Schwanz*
Familie: *Kater, Katze/Kätzin/Käterin, Kätzchen*
AB 2: Unsere Hauskatze gehört zu den *Kleinkatzen*. Auch dieses Tier gehört zu den Großkatzen: *LÖWE*.

Einheit: Aussehen und Lebensweise

Auf AB 3 geht es ebenfalls um die Körperteile der Katze (Aussehen und Funktion). Die hervorragende Leistungsfähigkeit aller Körperteile der Katze soll erkannt und verbalisiert werden. Dies führt auch dazu, dass artgerechtes Verhalten und die Bedürfnisse der Katze besser verstanden werden können. Ebenso sollte die emotionale Ebene beim gemeinsamen Unterrichtsgespräch beachtet werden: Achtung und Ehrfurcht vor der Natur und allen Lebewesen entwickeln.

Material:
- AB 3, 4 und 5
- Tierlexika
- Internetzugang
- Schere, Klebstoff
- Pappe, Musterklammer
- Spiegel, Lampe

Katzen sehen etwa 200 Mal besser als ein Mensch, bei Dämmerung noch etwa 6 Mal mehr. Auf AB 4 und 5 soll die Leistungs- und Anpassungsfähigkeit der Katzenaugen deutlich werden. Eine Station mit Spiegel und Lampe kann in der Klasse aufgebaut werden, um die Kinder das Phänomen der Akkomodation der Pupillen an die Lichtverhältnisse entdecken zu lassen. Der Vergleich mit der eigenen Pupillengröße kann auch als Hausaufgabe aufgegeben werden. Dann muss hinterher ein Austausch der Erfahrungen ermöglicht werden. Die Herstellung eines Modells zur Veränderung der Pupillengröße der Katze lässt die Erfahrung immer wieder veranschaulichen.

Differenzierungsmöglichkeiten:
1. Die Textkarten auf AB 3 können für leistungsschwächere Kinder auch in der richtigen Reihenfolge vorgegeben werden. Sie können dann Sachzeichnungen der Körperteile in die zweite Spalte eingetragen.
2. Als Zusatzaufgabe zu AB 3 können die Schüler Textstellen markieren (unterstreichen, mit Textmarker hervorheben, einkreisen, …), die ihnen besonders wichtig sind.

Kompetenzen: Wortschatz erweitern; Lesefähigkeiten ausbauen; Texte erschließen; Alltagsphänomene entdecken und erforschen; Natur entdecken und erleben; Mit Medien umgehen; Feinmotorik ausbauen; Konzentration schulen und Interesse wecken

Lösungen:
AB 3: Lösungswort: BEWEGLICHKEIT
AB 4: *Je dunkler* es ist, desto *größer* werden die Pupillen.

Einheit: Lebensweise und Verhalten

AB 6 und 7 bieten mehrere Zugänge zum Erfahrungsbereich „Katzenspuren". Hier bietet sich auch an, die Bewegungen der Katze in spielerischer Form nachzuvollziehen (Pantomime, Kreisspiel): anschleichen auf allen vieren, strecken, einen Buckel machen, einrollen, „Pfoten heben", „Beute fangen", ... Es ergeben sich

Material:
- AB 6, 7 und 8
- Tierlexika
- Internetzugang
- Pappe, leere Toilettenpapierrolle
- Musterklammer, Schnur, Locher

viele Bewegungselemente, die die Sachinformationen erleben und vertiefen lassen. Die Kinder haben erfahrungsgemäß viele Ideen und werden noch weitere Bewegungen finden und imitieren. Als gemeinsames Spiel kann außerdem „Katzenfangen" in den Unterricht aufgenommen werden. Es wird wie „Fangen" gespielt, aber die Kinder dürfen nur wie Katzen gehen oder schleichen.

Auf AB 7 geht es erneut darum, sich mit der Leistungsfähigkeit eines Körperteils der Katze – der Kralle – intensiv zu beschäftigen, sie zu verstehen und durch ein Modell handelnd zu erfahren. Die Kinder lesen den Text und markieren die wichtigsten Stellen. Entweder können sie spontan das Anschleichen der Katze an die Beutetiere durch den Text erschließen oder die richtige Ergänzung des Satzes durch Recherche herausfinden.

Für den Bau eines Krallenmodells wird nur Material benötigt, das kostenlos zu beschaffen oder zumindest mit sehr wenig Kosten verbunden ist. Der Nachbau erfordert Sorgfalt, ermöglicht aber auch tiefere Einsicht und emotionale Beteiligung.

Das vielfältige Ausdrucksvermögen (Stimmungen und Gefühle) der Katze ist Inhalt von AB 8. Bei der Auseinandersetzung mit diesem Aspekt wird den Kindern deutlich, dass die Katze eine breite Palette von Ausdrucksmöglichkeiten hat und dabei Stimme, Ohren, Schnauze, Fell, Schwanz und Körperhaltung einsetzt. Bei der Stimme und den Bewegungen wird die Variationsbreite besonders deutlich.

Differenzierungsmöglichkeiten:
1. Nach der Bearbeitung von AB 6 können Pfotenabdrücke anderer Tiere verglichen werden, ebenso wie die Bewegungsarten. Daraus lassen sich verschiedene Spiele gestalten (siehe oben).
2. Angelehnt an AB 8, können die Schüler mit Mimik und Gestik selbst verschiedene Gefühle darstellen, die der Rest der Klasse erraten muss (Sozialkompetenz!).

Kompetenzen: Wortschatz erweitern; Lesefähigkeiten ausbauen; Texte erschließen; Alltagsphänomene entdecken und erforschen; Natur entdecken und erleben; Den eigenen Körper wahrnehmen und sich bewegen; Fachbegriffe richtig verwenden und zu Sachthemen argumentieren; Mit Medien umgehen; Feinmotorik ausbauen; Konzentration schulen und Interesse wecken; Soziale Kompetenzen entwickeln

Lösungen:
AB 6: Woher kommt die Katze? *vom Weg*
Was drückt sich bei der Katzenspur ab? *der Ballen*
Pfotenabdruck:
AB 7: … sondern *sie schleichen sich leise an und springen mit einem Satz auf ihre Beute.*
AB 8: *Die Stimmung der Katze kann man z. B. an ihrer Körperhaltung, ihrer Stellung des Schwanzes und der Ohren oder an ihren Lauten erkennen.*
Lösungswort: PFOTEN

Einheit: Haltung, Ernährung und Entwicklung

Die meisten Kinder lieben Katzen und wären sicher begeistert, wenn sie eine Katze als Haustier halten dürfen. Bei der Thematisierung dieses Aspektes muss den Kindern deutlich werden,

Material:
- AB 9, 10 und 11
- Tierlexika
- Internetzugang

dass das Aufnehmen einer Katze in die Familie eine große Verantwortung für alle Familienmitglieder und für viele Jahre bedeutet.
Ein Katzenhalter muss alle Bedürfnisse einer Katze berücksichtigen. Dass dies sehr viele und sehr unterschiedliche sind, wird bei der Auseinandersetzung mit den Abbildungen auf AB 9 deutlich.
Auch AB 10 beschäftigt sich mit dem Thema „Haustierwunsch: Katze". Nach dem Einsetzen der Wörter sollten die Fragen zuerst in der Klassengemeinschaft oder in Kleingruppen besprochen werden. Erst dann ist eine gezielte Einschätzung der eigenen Situation für jedes Kind sinnvoll. Abschließend könnten Alternativen besprochen werden für den Fall, dass man keine Katze haben kann (evtl. anderes Haustier, Expertenwissen aneignen, bis zu einem späteren Zeitpunkt warten, Abbildungen sammeln, im Tierheim helfen, …).
Auf AB 11 wird der Ablauf eines Katzenlebens dargestellt. Die Informationen ergeben sich oft aus den Satzanfängen und den Textergänzungen. Hierzu können aber weitere Informationen aus Sachbüchern oder anderen Recherchequellen eingeholt werden.

Differenzierungsmöglichkeiten:
1. Leistungsstärkere Schüler können die Bilder auf AB 9 in unterschiedlichen Farben markieren (Ernährung, Pflege, Zubehör, …) oder eine entsprechende Tabelle erstellen. Diese kann anschließend beliebig ergänzt werden.
2. Als zusätzliche Rechercheaufgaben bieten sich die Themen „Welche Regeln gelten für Menschen und Katzen im Zusammenleben?" und „Wo lauern für Katzen Gefahren im Haus?" an.
3. Wenn eine Pfeilzuordnung auf AB 11 zu schwierig ist, können die Textkärtchen auch ausgeschnitten, zugeordnet und nach Überprüfung in der richtigen Reihenfolge auf ein gesondertes Blatt geklebt werden.

Kompetenzen: Sprechen üben, erzählen und Gespräche führen; Wortschatz erweitern; Verstehend zuhören; Lesefähigkeiten ausbauen; Texte erschließen; Alltagsphänomene entdecken und erforschen; Natur entdecken und erleben; Fachbegriffe richtig verwenden und zu Sachthemen argumentieren; Ideen und Ergebnisse präsentieren und darstellen; Mit Medien umgehen; Soziale Kompetenzen entwickeln; Werte erfahren

Lösungen:
AB 9: Katzen benötigen: *Futternapf, Katzenfutter, Wassernapf, Kratzbaum, Bürste, Spielzeug, Transportbox, Korb mit Decke, Katzentoilette mit Streu, Halsband, evtl. Leine.*
Katzen brauchen aber auch: *Auslauf, Beschäftigung, Liebe, Pflege, Zeit, Zuwendung, Wärme.*
Tierarzt: *Katzen sind ziemlich widerstandsfähig und nur selten krank. Trotzdem muss eine Katze einmal im Jahr zum Tierarzt. Er untersucht, ob das Tier gesund ist. Außerdem muss die Katze gegen Krankheiten geimpft werden. Der Tierarzt kann die Katze auch tätowieren, damit sie leichter wieder zurückgebracht werden kann, wenn sie entlaufen ist. Eine weitere Aufgabe des Tierarztes ist es, Katzen zu operieren, damit sie nicht unzählig viele Junge bekommen, um die sich dann niemand kümmert. Diese Operation nennt man Kastration.*
AB 10: Lückenwörter: *Katze, Familienmitglieder, Ferien, Geld, Musik, Schmutz, Allergien, Zeit, Tier, Jahre*
AB 11: Lösungswort: *KATZENLEBEN*
Mit der Redewendung „Katzen haben sieben Leben!" drückt man aus, dass Katzen oft gefährliche Situationen überstehen, in der andere Tiere oder Menschen wohl sterben würden. Katzen überleben z. B. einen Sturz aus großer Höhe (und landen auf den Pfoten), weil sie einen sogenannten Stellreflex und eine flexible Wirbelsäule haben. Früher konnte man sich dies nicht erklären und dachte, dass Katzen einfach mehrere Leben haben. Übrigens sagen die Engländer, Katzen hätten neun Leben.

Einheit: Abschluss mit fächerübergreifenden Ideen

Auf AB 12 lernen Kinder ein Gedicht von James Krüss kennen und auf AB 13 untersuchen sie Redensarten rund um das Thema Katze. Dieses Blatt

Material:
- AB 12, 13 und 14
- Pappe

kann als Grundlage für ein Quiz verwendet werden: Eine Gruppe sucht eine Redensart aus, die andere sucht die passende Auslegung. Dann wird getauscht.
Als Zusammenfassung und Wiederholung der Einheit Katze kann das Domino von AB 14 gespielt werden. Es eignet sich für die Einzelarbeit, aber auch als Spiel für bis zu drei Mitspieler (Kärtchen verdeckt verteilen, das Kind mit der Startkarte beginnt und liest die erste Frage vor, das Kind mit der passenden Antwort liest diese vor, legt sie an und liest die nächste Frage vor usw.).

Differenzierungsmöglichkeiten:
1. Bei der Darbietung des Gedichtes von AB 12 kann in jedem Vers ein Reimwort weggelassen werden (kratzen, Maus, Kätzchen), das die Kinder dann aus dem Text erschließen und ergänzen sollen.
2. Je nach Leistungsstärke der Schüler können die Auslegungen der Redewendungen auf AB 13 weggelassen oder als Hilfsangebot an einer vereinbarten Stelle im Klassenraum hinterlegt werden.
3. Die Aufgabe auf AB 13, eine Geschichte zu einer Redensart aufzuschreiben, kann für die Kinder entfallen, für die sie zu viel oder zu schwer ist. Stattdessen kann z. B. auf die Rückseite ein passendes Bild gemalt werden.

Tipps für den Unterricht

4. Die Kinder können selbst Ergänzungskarten zum Domino-Spiel auf AB 14 anfertigen. Dann muss die letzte Karte verändert werden: statt dem Bild der Katze muss die nächste Frage aufgeschrieben werden.

Kompetenzen: Sprechen üben, erzählen und Gespräche führen; Wortschatz erweitern; Verstehend zuhören; Schreibfertigkeiten festigen; Texte schreiben; Lesefähigkeiten ausbauen; Texte erschließen; Alltagsphänomene entdecken und erforschen; Natur entdecken und erleben; Fachbegriffe richtig verwenden und zu Sachthemen argumentieren; Ideen und Ergebnisse präsentieren und darstellen; Kultur erleben; Soziale Kompetenzen entwickeln

Lösungen:
AB 12: Wiewörter: *drollig, wollig, mollig, klein, possierlich, niedlich, friedlich, gemütlich, süß*
In welchen Geschichten kommt eine Katze vor? *Die Bremer Stadtmusikanten, Pettersson und Findus, Alice im Wunderland (Grinsekatze), Der gestiefelte Kater, Tom und Jerry*
Weitere berühmte Katzen: *Garfield, Krummbein in „Harry Potter", Hello Kitty, Katze in „Shrek – Der tollkühne Held", Kater Mikesch aus der Augsburger Puppenkiste, ...*
AB 13: Lösungswort: *RAUBTIER*
AB 14: Wo hat die Katze kein Fell? *An der Nase und an den Ballen hat die Katze kein Fell.*
Woher stammen unsere Hauskatzen? *Sie stammen von den ägyptischen Katzen ab.*
Welche Katzenrasse hat blaue Augen? *Die Siamkatze hat blaue Augen.*
Was bedeutet es, wenn die Katze schnurrt? *Sie fühlt sich wohl.*
Wie viel Kätzchen werden meistens in einem Wurf geboren? *Meistens werden vier bis fünf Kätzchen in einem Wurf geboren.*
Wie viel Barthaare hat eine Katze? *Sie hat bis zu 24 Barthaare.*
Wie lange putzt sich eine Katze jeden Tag? *Sie putzt sich ca. vier Stunden.*
Wie lange sind junge Kätzchen blind? *Sie sehen ca. eine Woche nach der Geburt nichts.*
Wie lange lebt eine Katze? *Eine Katze kann bis zu 20 Jahre alt werden.*
Wie lange schläft eine Katze pro Tag ungefähr? *Sie schläft ca. vierzehn Stunden.*
In welchem Land wurde eine Katzengöttin verehrt? *Die Ägypter verehrten früher eine Katzengöttin.*
In welchem Märchen spielt der Kater eine Hauptrolle? *Im Märchen „Der gestiefelte Kater" spielt der Kater eine Hauptrolle.*
Was mögen Katzen nicht? *Sie mögen keine laute Musik.*

Tipps für ein Stationentraining
Folgende Arbeitsblätter eignen sich besonders, um sie zu einem Stationentraining zusammenzustellen, bei dem die wichtigsten Aspekte zum Thema Katze abgehandelt werden: AB 1, AB 2, AB 4, AB 7, AB 9, AB 11 und AB 14.

Name: _____   Datum: _____

Wie sieht eine Katze aus?

Schneide die Puzzleteile unten aus und ordne sie richtig, sodass das Bild einer Katze entsteht! Klebe die Teile dann auf!

Beschrifte im Bild die Körperteile der Katze!

Wie heißen die Familienmitglieder der Katze?

Männliches Tier: Weibliches Tier: Jungtier:

_____   _____   _____

- -

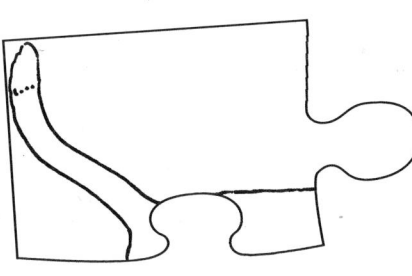

„Meine große Tierbibliothek: Die Katze" hilft dir dabei!

AB 1 Aussehen/Familie

Name: _____   Datum: _____

Wer ist mit unserer Hauskatze verwandt?

Es gibt weltweit viele verschiedene Katzen. Man unterscheidet Großkatzen und Kleinkatzen.

Großkatzen sind für Menschen gefährlich. Sie sind sehr stark und leben bei uns vor allem im Zoo. Großkatzen brüllen laut und verspeisen ihre Nahrung im Liegen. Ihr Schwanz ist gleichmäßig dick.
Kleinkatzen fressen im Hocken und miauen. Ihr Schwanz wird zum Ende hin dünner.

Unsere Hauskatze gehört zu den _____.

Hier siehst du vier Tiere, die zu den Großkatzen zählen. Finde das passende Fell und zeichne es bei den Tieren ein!

Schwarzer Panther	Tiger	Leopard	Luchs

Ö	W	E	L

Lösung:

Auch dieses Tier gehört zu den Großkatzen: __ __ __ __.

Hauskatzen können sehr unterschiedlich aussehen, denn es gibt viele verschiedene Rassen. Sammle Informationen über die verschiedenen Katzenrassen und stelle sie in der Klasse vor!

Name: _____ Datum: _____

Was leisten die Körperteile der Katze?

Schneide die Textkärtchen aus und ordne sie passend zu!

Bei richtiger Lösung wird der Satz fertig:

Die Katze hat eine enorme __ __ __ __ __ __ __ __ __ __ __.

Klebe die Textkärtchen dann auf!

Körperteil		Beschreibung	
Ohren		Sie können sich in alle Richtungen bewegen. Ihr Gehör ist ausgezeichnet. Katzen können auch sehr leise Geräusche wahrnehmen.	B
Augen		Sie dienen besonders bei Dunkelheit zum Fühlen. Die Katzen haben bis zu 24 Stück davon.	G
Augenbrauen		Sie sind spitz und messerscharf. Die vier Eckzähne erfassen die Beute, die Schneidezähne halten sie fest und die Backenzähne zerkleinern sie.	I
Nase		Sie sind mit weichen Polstern (= den Ballen) ausgestattet. So können sich Katzen unhörbar anschleichen und nach einem Sprung sanft landen.	H
Tasthaare		Die Katze hat 600 davon. Sie sorgen für geschmeidige, schleichende und schnelle Bewegungen.	I
Mäulchen		Sie ist mit kleinen Häkchen besetzt. Die Katze braucht sie zum Auflecken von Flüssigkeit und zur Fellpflege.	C
Zähne		Sie sind auch Tasthaare, nur kürzer. Sie sind zum Tasten und schützen die Augen vor Berührungen.	W
Zunge		Es schützt die Katze vor Feuchtigkeit, Kälte und Verletzungen.	K
Pfoten		Sie sollte lauwarm sein, dann ist die Katze gesund. Katzen merken sich Gerüche und können bis zu 1000 Mal besser riechen als ein Mensch.	E
Fell		Er zeigt die Stimmung der Katze an und dient beim Sprung als Steuer.	T
Krallen		Es kann weit aufgerissen werden. Mit einem starken Biss wird die Beute schnell getötet.	L
Muskeln		Sie sind sehr anpassungsfähig, je nach Lichteinfall. Katzen sehen etwa 200 Mal besser als ein Mensch.	E
Schwanz		Sie sehen aus wie Krummdolche. Sie können ausgefahren und eingezogen werden.	E

AB 3 Aussehen/Lebensweise

Name: _____   Datum: _____

Wie funktionieren Katzenaugen?

Katzen sehen ungefähr 200 Mal besser als Menschen.
Die Augen der Katze sind besonders gut für das Jagen in der Dämmerung eingerichtet.
Aber natürlich können sie bei völliger Dunkelheit auch nichts mehr sehen.

Zeichne die Pupillen der Katze ein!

bei viel Licht	👁 👁
bei etwas Licht	👁 👁
bei wenig Licht	👁 👁

Betrachte deine eigenen Pupillen im Spiegel und zeichne sie ein!

bei viel Licht	👁 👁
bei etwas Licht	👁 👁
bei wenig Licht	👁 👁

Was stellst du fest?

Je _____ es ist, desto _____ werden die Pupillen.
     d e k l n r u   g e ö r r ß

AB 4 Aussehen/Lebensweise   Hilfe findest du in „Meine große Tierbibliothek: Die Katze".

Name: _____ Datum: _____

Wie funktionieren Katzenaugen? – Modell

1. Klebe das Blatt auf dünne Pappe.
2. Schneide den Katzenkopf, das Augeninnere und die Scheibe unten aus.
3. Steche vorsichtig zwei Löcher in der Mitte (vom Kopf und von der Scheibe) durch, lege den Kopf auf die Scheibe und stecke eine Musterklammer durch beide.
4. Stelle die Augen passend ein: bei Dämmerung – bei Sonne – bei etwas Licht!

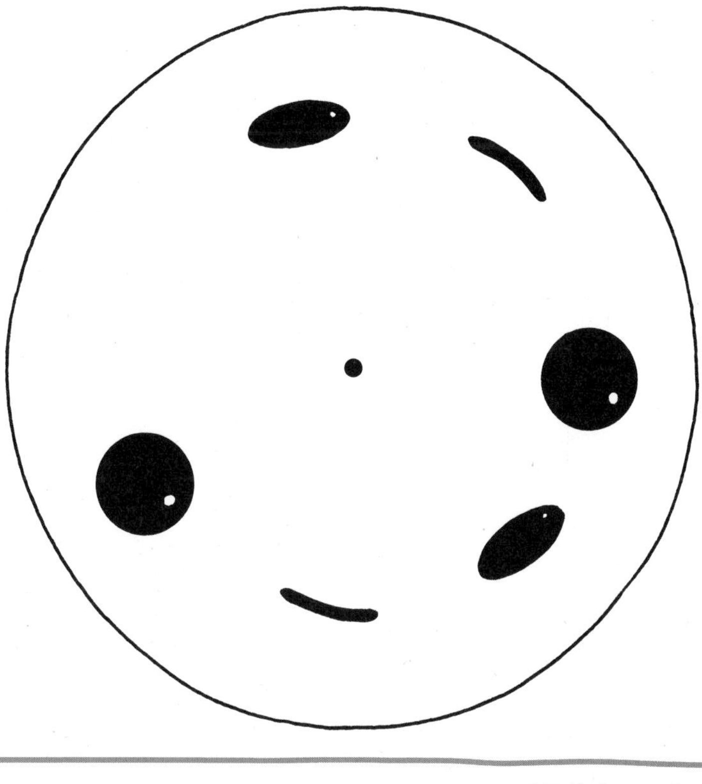

AB 5 Aussehen/Lebensweise

Name: _____   Datum: _____

Erkennst du Katzenspuren?

Woher kommt die Katze? Kreuze an!

◯ vom Teich   ◯ vom Stein   ◯ vom Weg   ◯ vom Baum

Was drückt sich bei der Katzenspur ab?

◯ die Krallen   ◯ die Knochen   ◯ der Ballen

Zeichne den Pfotenabdruck einer Katze möglichst genau auf!

Die Katze setzt ihre Pfoten ganz leise auf. Die gut gepolsterten Sohlenballen sind sehr empfindlich und können sogar Mäuseschritte spüren.
Beobachte eine Katze beim Gehen oder informiere dich (bei einem Katzenhalter, im Internet, Film)!

Versuche, eine kurze Strecke wie eine Katze zu laufen!

AB 6 Lebensweise

Name: _____ Datum: _____

Wie funktionieren Katzenkrallen?

Die Pfoten der Katzen sind ganz speziell für die Jagd nach Beute ausgestattet. So sind Katzen Schleichjäger, das heißt sie hetzen nicht (wie zum Beispiel Wölfe) lange hinter den Beutetieren her, sondern

_____ .

Wenn die Krallen der Katze immer „ausgefahren" wären, könnten die Mäuse hören, wenn sich eine Katze nähert. Andererseits muss die Katze aber auch schnell die Beute mit den Krallen halten, wenn sie einen Fang gemacht hat.
Deshalb kann die Katze ihre Krallen ausfahren, aber auch einziehen. Diese Bewegungen werden durch Muskeln und Sehnen ermöglicht.

Unterstreiche die wichtigsten Textstellen!

Stelle ein Modell her, bei dem du die Kralle ausfahren und einziehen kannst!

Du brauchst: Pappe, 1 leere Toilettenpapierrolle (10 cm lang) 1 Musterklammer, Locher, Schnur (zweimal 30 cm lang)

So gehst du vor:
1. Drücke eine Toilettenrolle vorsichtig flach.

2. Klebe die rechte untere Ecke dieses Blattes auf Pappe und schneide die Kralle aus.

3. Bohre oder knipse vorsichtig Löcher: jeweils 1 Loch bei A, B und C auf deiner Kralle und 3 Löcher in die Rolle (wie in der Abbildung).

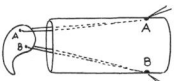

5. Ziehe durch die Löcher A eine etwa 30 cm lange Schnur und mache das gleiche mit den Löchern B.

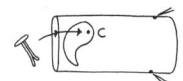

6. Schiebe jetzt die Kralle mit den Schnüren in die Rolle und befestige die Musterklammer bei den Löchern C. Verknote die jeweiligen Enden bei Loch A und B.

Nun kannst du die Kralle ausfahren und einziehen!

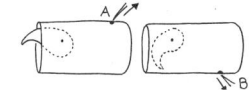

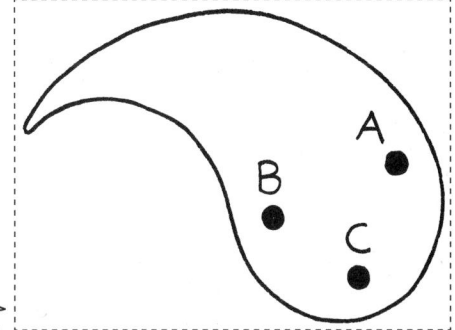

AB 7 Lebensweise

Name: _____ Datum: _____

Was will uns die Katze sagen?

Katzen können zwar nicht sprechen, aber ausdrücken, wie es ihnen geht.

Woran kann man die Stimmung der Katze erkennen?

_____

_____

Verbinde die Textstreifen mit den passenden Bildern und trage die Buchstaben ein!
Wenn du unsicher bist, informiere dich (Bücher, Internet, Experten, …).

Ich mag dich.	
Ich habe Hunger.	
Ich will spielen.	
Ich bin wütend.	
Ich habe Angst.	
Ich bin müde.	

Lösungswort:

_ _ _ _ _ _

AB 8 Verhalten

Name: _____ Datum: _____

Was braucht eine Katze?

Kreise ein, was eine Katze braucht!

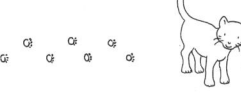

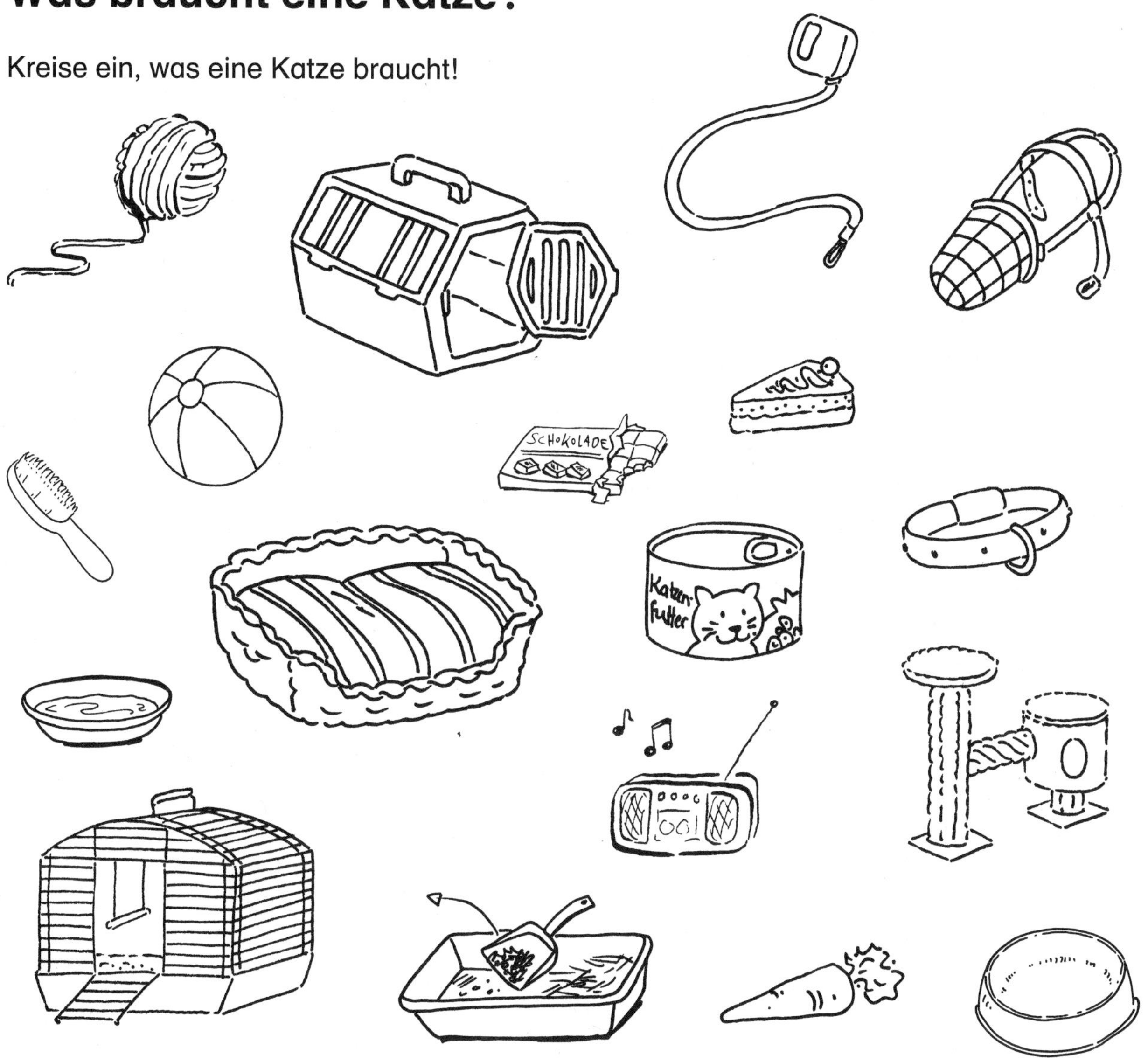

Einiges ist oben nicht abgebildet, die Katze braucht es aber trotzdem.
Unterstreiche diese Wörter!

Auslauf	*Ball*	*Beschäftigung*	*Bürste*	*Futter*	*Futternapf*	*Halsband*
Katzentoilette mit Streu		*Körbchen*	*Kratzbaum*	*Leine*	*Liebe*	*Pflege*
Spielzeug	*Transportbehälter*	*Wärme*	*Wasser*	*Wassernapf*	*Zeit*	*Zuwendung*

Überlegt gemeinsam, warum die Katze diese Dinge braucht!

Informiere dich: Wann muss eine Katze zum Tierarzt? Schreibe auf die Rückseite des Blattes, was du herausgefunden hast!

AB 9 Haltung/Ernährung

Name: _____ Datum: _____

Eine Katze im Haus?

Vor der Anschaffung einer Katze als Haustier muss man sich erst einmal viele Fragen stellen.

Trage die passenden Wörter in den Lückentext ein!

- Darf man in unserer Wohnung eine _____ halten?

- Sind alle _____ mit der Anschaffung einer Katze einverstanden?

- Wer kümmert sich in den _____ oder wenn ich keine Zeit habe um das Tier?

- Habe ich genügend _____ für Futter, Ausstattung, Tierarzt, Medizin usw., um eine Katze richtig zu versorgen?

- Mag ich gerne laute _____ (das mögen Katzen gar nicht) oder gefällt es mir besser, wenn es ruhig ist?

- Möchte ich den _____ (Kot, Haare, Urin, Spuren) oder Ungeziefer weg machen?

- Gibt es in unserer Familie _____ gegen Katzenhaare?

- Habe ich genügend _____ für eine Katze?

- Ist ein anderes _____ im Haus, mit dem eine Katze sich nicht vertragen würde oder hätte ein anderes Tier Angst vor der Katze?

- Kann und will ich mich bis zu 20 _____ lang um eine Katze kümmern?

| Katze | Schmutz | Musik | Tier | Allergien | Jahre |
| Ferien | Familienmitglieder | Geld | Zeit | | |

Wie würdest du die Fragen beantworten?
Fallen dir noch andere Fragen ein? Schreibe sie auf die Rückseite deines Blattes!

AB 10 Haltung

Name: _____ Datum: _____

Wie verläuft ein Katzenleben?

Informiere dich und verbinde die passenden Textteile!
Trage die Buchstaben in die Kreise ein.

Wenn alles stimmt, ergibt sich aus den Buchstaben das Lösungswort:

_ _ _ _ _ _ _ _ _ _ _ .

○	Meistens wird	sie ihre Umgebung. Sie reagieren auf Gerüche und Geräusche.	L
○	Nach der Paarung dauert	Kätzchen selbstständig und können als Haustier aufgenommen werden.	E
○	Katzen bekommen	eine Katze Junge bekommen.	E
○	Die Kätzchen kommen	drei Wochen fangen die Katzenkinder an, miteinander zu spielen.	E
○	Nach ungefähr	es etwa neun Wochen, bis die kleinen Kätzchen geboren werden.	A
○	Nach vier Wochen	eine Katze zweimal im Jahr „rollig". Dann sehnt sie sich nach einem Kater und will sich mit ihm paaren.	K
○	Ab einem Monat erkunden	bekommen sie keine Muttermilch mehr.	N
○	Mit etwa drei Monaten sind	Milchzähne. Nach ungefähr 5 Monaten bekommen sie die bleibenden Zähne.	B
○	Katzen haben auch	mit weichem Fell, taub und mit geschlossenen Augen zur Welt. Nach acht Tagen öffnen sich die Augen der Jungen.	Z
○	Mit etwa einem Jahr kann	20 Jahre alt werden.	N
○	Katzen können bis zu	meist vier oder fünf Junge in einem Wurf. Der Rekord liegt bei zwölf kleinen Kätzchen.	T

Informiere dich und erkläre, was diese Redensart bedeutet: Katzen haben sieben Leben!

_____
_____
_____
_____

 „Meine große Tierbibliothek: Die Katze" hilft dir dabei!

AB 11 Entwicklung

Name: _____ Datum: _____

Kleine Katzen

Kleine Katzen

1. Kleine Katzen sind so drollig
Und so wollig und so mollig,
Dass man sie am liebsten küsst.
Aber auch die kleinen Katzen
Haben Tatzen, welche kratzen.
Also Vorsicht! Dass ihr's wisst!

2. Kleine Katzen wollen tollen
Und die Wolleknäuel rollen.
Das sieht sehr possierlich aus.
Doch die kleinen Katzen wollen
Bei dem Tollen und dem Rollen
Fangen lernen eine Maus.

3. Kleine Katzen sind so niedlich
Und so friedlich und gemütlich.
Aber schaut sie richtig an:
Jedes Sätzchen auf den Tätzchen
Hilft, dass aus dem süßen Kätzchen
Mal ein Raubtier werden kann.
von James Krüss

1. Wie sind Kätzchen? Unterstreiche alle Wiewörter, die sie beschreiben!

2. Schreibe auf die Rückseite deines Blattes einen eigenen Vers zum Gedicht oder male ein Bild dazu!

3. In welchen Geschichten kommt eine Katze vor? Kreuze an!

○	Rotkäppchen	○	Dornröschen
○	Die Bremer Stadtmusikanten	○	Pettersson und Findus
○	Der Wolf und die sieben Geißlein	○	Aschenputtel
○	Alice im Wunderland	○	Schneewittchen
○	Der gestiefelte Kater	○	Tom und Jerry

Über welche Geschichte willst du mehr erfahren? _____

Kennst du weitere „berühmte" Katzen? _____

Name: _____ Datum: _____

Alles für die Katz!

In unserem Sprachgebrauch gibt es viele Redensarten, in denen die Katze vorkommt.
Überlege, was die Sprüche oder Ausdrücke bedeuten könnten!
Ordne sie richtig zu und schreibe sie auf!

Die sind wie Hund und Katze!
_____ ◯

Die Katze lässt das Mausen nicht!
_____ ◯

Wenn die Katze weg ist, tanzen die Mäuse auf dem Tisch.
_____ ◯

Mach keine Katzenwäsche!
_____ ◯

Das ist für die Katz!
_____ ◯

Sie lässt die Katze aus dem Sack.
_____ ◯

Er läuft wie die Katze um den heißen Brei.
_____ ◯

Ich kaufe doch nicht die Katze im Sack!
_____ ◯

| *Wer einmal etwas Böses gemacht hat, wird es immer wieder tun.* **A** |
| *Das ist eine Mühe, die sich nicht lohnt.* **T**   *Sie vertragen sich nicht.* **R** |
| *Wenn niemand da ist, der aufpasst, wird nicht mehr sorgfältig gearbeitet.* **U** |
| *Sie lüftet ein Geheimnis.* **I**   *Ich möchte genau wissen, was auf mich zukommt.* **R** |
| *Er wartet sehr lange damit, etwas zu tun.* **E**   *Wasche und pflege dich gründlich!* **B** |

Trage die Buchstaben in die Kreise ein!

Lösungswort: _ _ _ _ _ _ _ _

Welche Redensart passt gar nicht zur Katze? Begründe!
_____
_____

Name: _____ Datum: _____

Katzen-Domino

Klebe das Blatt auf dünne Pappe und schneide die Doppelkästchen sorgfältig aus!
Viel Spaß beim Spielen!

STARTE	Wo hat die Katze kein Fell?	Die Ägypter verehrten früher eine Katzengöttin.	In welchem Märchen spielt der Kater eine Hauptrolle?
Katzen können bis zu 20 Jahre alt werden.	Wie lange schläft eine Katze pro Tag ungefähr?	Sie fühlt sich wohl.	Wie viel Kätzchen werden meistens in einem Wurf geboren?
Die Siamkatze hat blaue Augen.	Was bedeutet es, wenn die Katze schnurrt?	Sie hat bis zu 24 Barthaare.	Wie lange putzt sich eine Katze jeden Tag?
An der Nase und an den Ballen haben Katzen kein Fell.	Woher stammen unsere Hauskatzen?	Im Märchen „Der gestiefelte Kater" spielt der Kater eine Hauptrolle.	Was mögen Katzen nicht?
Sie schläft ca. vierzehn Stunden.	In welchem Land wurde eine Katzengöttin verehrt?	Sie putzt sich ca. vier Stunden.	Wie lange sind junge Kätzchen blind?
Meistens werden vier bis fünf Kätzchen in einem Wurf geboren.	Wie viel Barthaare hat eine Katze?	Sie stammen von den ägyptischen Katzen ab.	Welche Katzenrasse hat blaue Augen?
Sie sehen ca. eine Woche nach der Geburt nicht.	Wie lange lebt eine Katze?	Sie mögen keine laute Musik.	

AB 14 Domino

Tipps für den Unterricht

Einheit: Aussehen, Familie und Herkunft

Zur Bearbeitung von AB 1 sollen die Schüler einen Hamster oder eine Abbildung von ihm genau betrachten, bevor sie seine Körperteile möglichst naturgetreu aufzeichnen. Die genaue Betrachtung eines Goldhamsters ist die Grundlage für die Anfertigung einer Sachzeichnung.

Material:
- AB 1 und 2
- Tierlexika (z. B. *Meine große Tierbibliothek: Der Hamster*)
- Internetzugang

Die Zeichnungen sollten mit Bleistift erfolgen, da dann Korrekturen noch gut möglich sind.
Anschließend informieren sich die Kinder über die Funktion der Körperteile. Dazu müssen Recherchematerialien bereitgestellt werden.
Auf AB 2 informieren sich die Kinder über den wild lebenden Verwandten des Goldhamsters: den Feldhamster. Aber auch zur Herkunft und Nagetierzugehörigkeit des Goldhamsters können die Kinder Kenntnisse erlangen, indem sie den Lückentext ergänzen. Dabei sind die Striche in der Anzahl der Buchstaben eine Hilfe und ermöglichen eine Selbstkontrolle.

Differenzierungsmöglichkeiten:
1. Als Alternative zu AB 1 können die Schüler eine Gesamtzeichnung eines Hamsters anfertigen und anschließend die Körperteile beschriften.
2. Die Körperteile des Goldhamsters können im Anschluss an AB 1 noch farblich passend ausgemalt werden.
3. Je nach Leistungsvermögen der Kinder können die Lösungen der rechten Spalte von AB 1 als Hilfsangebot im Klassenraum bereitgelegt werden.
4. Zusatzaufgabe zu AB 1 (fächerübergreifend): Was bedeutet die Redensart „Er (oder sie) hamstert gerne"? (= *Sachen werden auf Vorrat, über den momentanen Bedarf hinaus angesammelt.*)
5. Zum Zeichenauftrag auf AB 2 unten können Wörter vorgegeben werden, die dann von den Kindern zeichnerisch umgesetzt und gestaltet werden.

Kompetenzen: Wortschatz erweitern; Schreibfertigkeiten festigen; Lesefähigkeiten ausbauen; Texte erschließen; Natur entdecken und erleben; Fachbegriffe richtig verwenden und zu Sachthemen argumentieren; Ideen und Ergebnisse präsentieren und darstellen; Mit Medien umgehen; Kreatives Gestalten; Feinmotorik ausbauen; Konzentration schulen und Interesse wecken

Lösungen:
AB 1: Tasthaare: *Mit ihnen kann der Hamster seine Umgebung erfühlen. Er merkt, wenn ein Hindernis kommt. Das ist besonders wichtig, weil der Hamster nachts aktiv ist.*
Ohren: *Der Hamster hört ausgesprochen gut. Seine Ohrmuscheln sind sehr beweglich und können sogar zusammengelegt werden. So kann er zum Schlafen sein Gehör verschließen.*
Nase: *Sie ist das Sinnesorgan des Hamsters, das am besten entwickelt ist. Mit ihr riecht er Nahrung und andere Tiere. Um noch besser schnuppern zu können, reckt er die Nase in die Luft.*
Krallen: *Sie sind spitz und gebogen. Damit kann der Hamster sehr gut die Nahrung festhalten, klettern und graben.*
Backentaschen: *In ihnen verstaut der Hamster ganz schnell seine Nahrung und transportiert sie. Wenn er sie leeren möchte, drückt er mit seinen Vorderpfötchen dagegen und holt alles wieder hervor.*
Hinterpfoten: *An den beiden hinteren Pfoten hat der Hamster jeweils fünf Zehen. (An den Vorderpfoten sind es je vier Zehen.) Die Hinterpfoten sind zum Graben, Klettern und Festhalten sehr gut geeignet.*
Wie leert der Hamster seine Backentaschen? *Der Hamster leert seine Backentaschen, indem er sie mit den Vorderpfoten von hinten nach vorne ausstreicht.*
AB 2: Lückenwörter: *heimisch, Feldhamster, Naturschutz, Natur, Bau, Dämmerung, Goldhamster, Naturforscher, Jungen, Tiere, Welt, Hamsterrassen, Nagetiere, Schneidezähne, Nahrung*
Weitere Nagetiere: *z. B. Ratte, Maus, Kaninchen, Meerschweinchen, Chinchilla, Backenhörnchen, Streifenhörnchen, ... (Es gibt sehr viele Arten, fast 3000!)*
Nagetiere nagen gerne: *Zweige von Obstbäumen, hartes Brot, Nüsse, Körner, Nudeln, ...*

Einheit: Entwicklung und Verhalten

Der Ablauf eines Hamsterlebens wird auf AB 3 dargestellt. Die Informationen ergeben sich aus den Satzanfängen und den Textergänzungen. Die Kinder können sich aber noch weitere Informationen aus

Material:
- AB 3, 4 und 5
- Schere, Klebstoff
- Tierlexika
- Internetzugang

Sachbüchern, dem Internet oder von Hamsterexperten einholen. Zur Selbstkontrolle dient das Lösungswort.
Auch kleine Tierchen wie Hamster können ihre Stimmung ausdrücken: durch Laute, Körperhaltung, Gestik und Mimik. Die Kenntnisse über die Stimmungen des Hamsters sind wichtig, da Hamster sich bei zu viel Nähe schnell bedroht fühlen, aggressiv werden und sogar beißen können. Auf AB 4 ordnen die Schüler den Abbildungen passende Sprechblasen zu. Für den zweiten Teil des AB ist eine intensive Auseinandersetzung mit Recherchematerialien erforderlich.
Auch auf AB 5 geht es um Aspekte des Verhaltens des Hamsters, aber auch um den richtigen Umgang mit dem Tier durch den Menschen.

Differenzierungsmöglichkeiten:
1. Im Anschluss an AB 3 können die Gestik und Mimik des Menschen in verschiedenen Stimmungen vergleichend beobachtet und ausprobiert werden (Sozialkompetenz!).
2. Zusatzaufgabe zu AB 4: Suche Informationen, wie der Bau eines Hamsters in der freien Natur aussieht und zeichne ihn auf die Rückseite des Blattes!

Kompetenzen: Wortschatz erweitern; Schreibfertigkeiten festigen; Natur entdecken und erleben; Alltagsphänomene entdecken und erforschen; Fachbegriffe richtig verwenden und zu Sachthemen argumentieren; Mit Medien umgehen; Konzentration schulen und Interesse wecken; Werte erfahren

Lösungen:
AB 3: Lösungswort: BEWEGUNG
AB 4: *Ich bin wütend. Ich bin hungrig. Ich bin müde. Ich bin ängstlich. Ich bin neugierig.*
Knurren: *Ich bin müde oder ärgerlich.*
Schreien: *Ich habe große Angst.*
Quieken: *Ich habe Hunger oder Schmerzen.*
Fauchen: *Ich fühle mich bedroht.*
Zähneknirschen: *Ich warne dich. Ich greife gleich an!*
(Nicht bei jedem Hamster gleich und nicht immer eindeutig!)
AB 5: *artgerecht, Hand*
Wie hält man einen Hamster? *Eine Hand unter den Hamster*

halten, damit er nicht fällt, mit der anderen den Hamster locker umfassen.
Wo versteckt sich der Hamster? *Er ist hinter dem Sofa.*
Warum verstecken sich Hamster so gerne: *Hamster verstecken sich, weil sie in der freien Natur einen unterirdischen Bau haben und dort Schutz vor Feinden finden.*

Einheit: Haltung und Ernährung

Bevor man die Verantwortung für einen Hamster übernimmt, sollte man (ebenso wie bei allen anderen Haustieren!) genau überlegen, ob man das wirklich möchte und ob das Tier zu einem passt. Bei der Bearbeitung von AB 6 sollen die Kinder das Pro und Contra zur Haltung eines Hamsters gegenüberstellen und abwägen sowie eine Meinung dazu aufbauen und begründen. Zusätzlich sollten Alternativen besprochen werden für den Fall, dass man keinen Hamster halten darf oder kann

Material:
- AB 6, 7 und 8
- Tierlexika
- Internetzugang
- Schnur, Nudeln
- Pappröllen, Bausteine, Holzreste, Äste, ...
- Holzbrettchen, Holzleim, Schmirgelpapier, Laubsäge

(evtl. anderes Haustier, Expertenwissen aneignen, bis zu einem späteren Zeitpunkt warten, Abbildungen sammeln, Tiere von Verwandten mitversorgen, im Tierheim helfen, ...).
Auf AB 7 geht es um die Auseinandersetzung mit den artgerechten Ansprüchen und Bedürfnissen des Hamsters. Dabei werden die Abbildungen der Dinge eingekreist, die der Hamster braucht und die fehlenden hinzugefügt.
Anschließend bauen und gestalten die Schüler mit AB 8 selbst Materialien, die den Hamster erfreuen!

Differenzierungsmöglichkeit:
1. Zusatzaufgabe zu AB 7: Wofür braucht man einen Transportbehälter für den Hamster? *Für einen Tierarztbesuch, für die Mitnahme in den Urlaub oder zum sicheren Verbleib des Hamsters, während der Käfig gereinigt wird.*

Kompetenzen: Sprechen üben, erzählen und Gespräche führen; Verstehend zuhören; Alltagsphänomene entdecken und erforschen; Natur entdecken und erleben; Gesundheit und Ernährung verstehen lernen; Fachbegriffe richtig verwenden und zu Sachthemen argumentieren; Mit Medien umgehen; Kreatives Gestalten; Feinmotorik ausbauen; Soziale Kompetenzen entwickeln

Lösungen:
AB 6: Vorteile: *sind nicht so teuer wie andere Haustiere, können zwei bis drei Tage alleine gelassen werden, für ihre Haltung wird keine Genehmigung des Vermieters benötigt, werden höchstens vier Jahre alt*
Nachteile: *machen nachts Geräusche, knabbern alles an, büxen leicht aus, können Allergien verursachen, verstehen sich nicht mit anderen Haustieren, sind tagsüber nicht gut zu beobachten, werden höchstens vier Jahre alt*
AB 7: Nahrung: *Hamsterfutter, Obst, Gemüse, Wasser, Klee, Löwenzahn, Käse, Knabberast, Rosinen, ...*
Unterkunft: *großer Käfig, Schlafhäuschen, Futterbehälter, Wasserspender, Heu, Stroh, trockene Blätter als Einstreu, Sand, ...*
Pflege: *Nagezweig, Säuberung, Bewegungsmöglichkeiten (Rad, Leitern, Seil, ...), Zeit, Zuwendung, Gesundheitsüberwachung, kein grelles Licht, keine Zugluft, Ruhe, ...*
Gitterstäbe: *ca. 12 mm*

Einheit: Basteln und Abschlussspiel

Die Figuren von AB 9 eignen sich für viele Situationen und sind sowohl einfach als auch sehr kostengünstig herzustellen.

Zum Abschluss der Unterrichtsreihe unterstützt das Spiel auf AB 10 die Vertiefung des erworbenen Wissens. Die Schüler klären die Fragen zunächst allein. Wenn mehrere Kinder fertig sind, kann mit dem Spiel begonnen werden. Das Blatt kann aber auch schon im Vorfeld benutzt werden, um den Kindern Leitfragen zum selbstständigen Arbeiten zur Verfügung zu stellen. Das Spielfeld ist noch leichter zu benutzen, wenn es auf DIN-A3-Format vergrößert wird. Es sollte auf dickere Pappe beklebt werden und kann von Kindern, die besonders schnell fertig sind, farblich ausgestaltet werden. Wenn das Spielfeld laminiert wird, kann es noch lange als Klassenspiel genutzt werden.

Material:
- AB 9 und 10 (auf DIN A3 kopiert)
- Tierlexika
- Internetzugang
- Papprolle, dünne Pappe
- Schere, Klebstoff

Differenzierungsmöglichkeiten:
1. Auf die gleiche Weise wie die Figuren auf AB 9 können auch andere Haustieren als Standfiguren angefertigt werden. Dazu ein Oval herstellen, das Tier aufzeichnen oder eine Abbildung aufkleben und nach der Anleitung weiterarbeiten.
2. Statt die Rollen (= Körper) der Figuren auf AB 9 zum Schluss anzumalen, können sie auch mit buntem Papier oder Stoff beklebt werden.
3. In Anlehnung an AB 10 können die Schüler ein Quiz mit eigenen Fragen erstellen.

Kompetenzen: Sprechen üben, erzählen und Gespräche führen; Verstehend zuhören; Alltagsphänomene entdecken und erforschen; Natur entdecken und erleben; Fachbegriffe richtig verwenden und zu Sachthemen argumentieren; Mit Medien umgehen; Kreatives Gestalten; Feinmotorik ausbauen; Konzentration schulen und Interesse wecken; Soziale Kompetenzen entwickeln

Lösungen:
AB 10: Wann sind Hamster wach und aktiv? *Hamster sind hauptsächlich nachtaktiv.*
Warum können Hamster so gut klettern? *Sie haben Pfoten mit Krallen und rutschfesten Ballen.*
Welches Futter bekommen Hamster? *Hamster brauchen Trockenfutter (mit hohem Anteil an Getreide, Samen, getrocknetem Gemüse und Kräutern), Pflanzen, Gemüse, kleine Insekten (Würmer, Grillen), ab und zu ein Stückchen Obst und viel Wasser.*
Wie leeren Hamster ihre Backentaschen? *Sie drücken mit den Vorderpfoten dagegen und spucken alles wieder aus.*
Welche Feinde haben wild lebende Hamster? *Greifvögel, Uhu, Iltis, Wiesel; auch Katzen (sie können den Hamster mit einer Maus verwechseln).*
Leben Hamster als Familie zusammen? *Nein, sie leben alleine, sobald sie ausgewachsen sind.*
Woraus baut ein Hamsterweibchen das Nest? *Es baut das Nest aus Heu, Stroh, Stoff, Toilettenpapier, ...*
Wann werden Hamsterbabys von ihrer Mutter getrennt? *Sie werden nach ca. einem Monat von ihrer Mutter getrennt.*
Warum trennt man Hamstergeschwister nach etwa zwei Monaten? *Hamster sind Einzelgänger und würden miteinander kämpfen, wenn sie zusammenleben.*
Wie heißt der freilebende Verwandte des Goldhamsters? *Er heißt Feldhamster.*

Tipps für ein Stationentraining
Folgende Arbeitsblätter eignen sich besonders, um sie zu einem Stationentraining zusammenzustellen, bei dem die wichtigsten Aspekte zum Thema Hamster abgehandelt werden: AB 1, AB 2, AB 4, AB 6, AB 7 und AB 10.

Tipps für den Unterricht

Name: _____ Datum: _____

Wie sieht ein Hamster aus?

Der Hamster ist hervorragend ausgerüstet, um nachts zu laufen und zu klettern.

Informiere dich (Bücher, Internet, Zoohandlung, Hamsterbesitzer, …) über das Aussehen und die Körperteile des Hamsters!

Zeichne die Körperteile des Hamsters in der mittleren Spalte genau auf!
Informiere dich, was die Körperteile für Besonderheiten haben, und schreibe diese in die rechte Spalte!

Tasthaare		
Ohren		
Nase		
Krallen		
Backentaschen		
Hinterpfoten		

Frage für ganz Schnelle:
Wie leert der Hamster seine Backentaschen?

_____

_____

_____

Hilfe findest du in „Meine große Tierbibliothek: Der Hamster".

AB 1 Aussehen

49

Name: _____   Datum: _____

Über den Hamster

Fülle die Lücken mit den passenden Wörtern!

Hamster sind in Deutschland _____, das heißt, sie leben hier auch in der freien Natur. Diese Hamsterrasse nennt man _____. Es gibt sie nur noch selten und deshalb steht sie unter _____. Feldhamster sieht man so gut wie nie in der _____. Das liegt daran, dass sie tagsüber fast immer in ihrem unterirdischen _____ sind und erst in der _____ oder in der Nacht aktiv werden.

Im Gegensatz zum Feldhamster, der bei uns schon lange heimisch ist, wurde der _____ erst im 20. Jahrhundert bei uns bekannt. Ein _____ fand in Vorderasien ein Goldhamsterweibchen mit vielen _____. Er nahm die _____ mit. Sie wurden die Stammeltern von allen Goldhamstern, die heute auf der _____ gehalten werden. Heute gibt es ungefähr 20 _____.

Hamster zählen zur Tiergruppe der _____. Alle Nagetiere haben kräftige _____, mit denen sie auch harte _____ zerkleinern können, z. B. Nüsse, Wurzeln, Zweige, Obst, ...

Bau	*Dämmerung*	*Feldhamster*	*Goldhamster*	*Hamsterrassen*
heimisch	*Jungen*	*Nagetiere*	*Nahrung*	*Natur*
Naturforscher	*Naturschutz*	*Schneidezähne*	*Tiere*	*Welt*

Zeichne, was ein Nagetier gerne nagt!

Zu den Nagetieren gehören auch Mäuse, Kaninchen und andere Tiere. Suche Informationen über Nagetiere und schreibe noch weitere Verwandte des Hamsters auf! Verwende dazu die Rückseite des Blattes.

AB 2 Familie/Herkunft/Lebensweise

Lies dazu in „Meine große Tierbibliothek: Der Hamster".

Name: _____ Datum: _____

Wie verläuft ein Hamsterleben?

Informiere dich, wie ein Hamsterleben abläuft!
Schneide die Textkarten aus und lege sie in die richtigen Felder!
Überprüfe deine Lösung:

Hamster brauchen viel __ __ __ __ __ __ __ .

Klebe dann alle Streifen auf!

Zur Paarung	
16–18 Tage nach der Paarung	
Hamsterbabys sind	
Die Hamstermutter	
Nach fünf bis sechs Tagen beginnt	
Nach drei Wochen werden	
Mit sechs Monaten	
Hamster können	

---

kommen die jungen Hamster zur Welt.	**E**	das Fell der Jungen zu wachsen.	**G**
bei der Geburt nur 2–4 cm groß und wiegen etwa 2 g.	**W**	treffen sich Weibchen und Männchen.	**B**
höchstens zwei bis vier Jahre alt werden.	**G**	ist ein Hamster ausgewachsen.	**N**
Hamsterkinder nicht mehr gesäugt.	**U**	versorgt die Jungen mit Milch, wärmt und beschützt sie.	**E**

Lies dazu in „Meine große Tierbibliothek: Der Hamster".

AB 3 Entwicklung

Name: _____ Datum: _____

Verstehst du die Hamstersprache?

Der Hamster zeigt durch Laute, Haltung, Mimik und Gestik an, wie er gestimmt ist.
Verbinde die Bilder mit den passenden Sprechblasen!

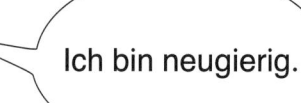
Ich bin neugierig.

Ich bin wütend.

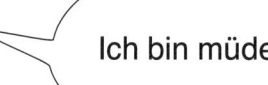
Ich bin ängstlich.

Ich bin müde.

Ich bin hungrig.

Informiere dich: Was will uns der Hamster sagen, wenn er diese Geräusche macht?

Knurren: _____

Schreien: _____

Quieken: _____

Fauchen: _____

Zähneknirschen: _____

AB 4 Verhalten

Name: _____ Datum: _____

Ein Hamster im Haus

> einen Hamster richtig halten

Dieser Ausdruck hat zwei Bedeutungen.

Zum einen heißt es, dass ein Hamster _____ (aceeghrrtt)
in der Wohnung untergebracht und versorgt werden muss.

Die zweite Bedeutung ist, dass man einen Hamster richtig in der _____ (adHn)
halten muss.

Beschreibe, wie der Hamster richtig in der Hand gehalten
werden muss, damit er sich nicht weh tut und er
auch nicht aus der Hand rutschen kann.

_____

_____

Wo versteckt sich der Hamster?

Er ist _____.

Überlege und begründe, warum sich Hamster so gerne verstecken!

_____

_____

AB 5 Haltung/Verhalten

Name: _____ Datum: _____

Hamster – ja oder nein?

Wenn man einen Hamster als Haustier halten möchte, muss man sich vorher ganz genau die Vor- und Nachteile überlegen. Trage ein:

Vorteile	Nachteile
– sind nicht so teuer wie andere Haustiere	– machen nachts Geräusche

- können zwei bis drei Tage allein gelassen werden   – büxen leicht aus
- können Allergien verursachen   – verstehen sich nicht mit anderen Haustieren
- sind tagsüber nicht gut zu beobachten   – werden höchstens vier Jahre alt
- knabbern alles an
- für ihre Haltung wird keine Genehmigung des Vermieters benötigt

Informiere dich, was sonst noch für oder gegen einen Hamster spricht, und trage es in die Tabelle ein!

Würdest du einen Hamster halten wollen? Begründe deine Meinung!

_____

_____

Name: _____ Datum: _____

Was braucht ein Hamster?

Kreise ein, was ein Hamster braucht!

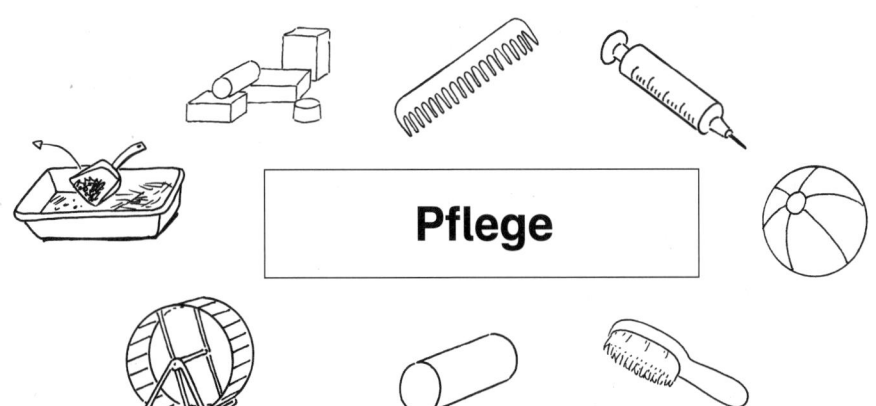

Schreibe oder male dazu, was der Hamster sonst noch benötigt!

Überlege und informiere dich: Wie weit sollen die Abstände der Gitterstäbe eines Hamsterkäfigs sein, damit das Tier nicht ausbüxen kann?

_____

Hilfe findest du in „Meine große Tierbibliothek: Der Hamster".

AB 7 Haltung/Ernährung

Name: _____ Datum: _____

Wie kannst du einem Hamster erfreuen?

Du kannst selbst einiges herstellen, was den Hamster erfreut.

Für eine **Nudelkette** brauchst du kurze Nudeln, die innen hohl sind (z. B. Hörnchen oder Penne) und ein Stück Schnur.

Aus einfachen Materialien kannst du einen **Spiel- und Laufparcours** für den Hamster erstellen.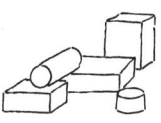

Zeichne einen Parcours und baue ihn nach!

Aus Sperrholz kannst du ein **Schlafhäuschen** für den Hamster bauen.

Du brauchst:
- 2 Holzbrettchen 12 x 20 cm
- 2 Holzbrettchen 12 x 15 cm
- 1 Holzbrettchen 17 x 22 cm
- 1 Laubsäge
- Schmirgelpapier
- Holzleim

Schmirgle alle Kanten gut.
Säge eine Tür aus und schmirgle sie ebenfalls.
Klebe die Seitenteile mit Holzleim zusammen.
Das Dach wird nur lose aufgelegt, damit das Schlafhäuschen besser gereinigt werden kann.

AB 8 Haltung/Basteln

Name: _____   Datum: _____

Hamster & Co.

Für Spiele oder Dekorationen kannst du mit Pabprollen schnell Tierfiguren herstellen.

Du brauchst:
- Papprollen
- dünne Pappe
- Schere, Klebstoff
- Buntstifte

So gehst du vor:

1. Schneide von der Papprolle 9 cm lange Stücke ab.

2. Schneide eine Seite der Rollen schräg ab.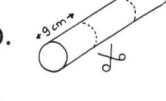

3. Male die Tierfiguren an und klebe sie auf dünne Pappe.

4. Schneide die Tierfiguren aus.

5. Schneide die Einkerbungen ein und drücke sie nach hinten um. Die Tierfiguren können nun eingesteckt oder eingeklebt werden.

6. Besonders schön sieht es aus, wenn die Papprollen-„Körper" auch noch angemalt werden.

Natürlich kannst du so auch andere Figuren herstellen.

AB 9 Basteln   57

Das Hamsterspiel

Sobald ein Spieler auf einem Feld mit Frage landet, recherchiert und beantwortet er diese. Ist ein Feld besetzt, muss er noch einmal würfeln. Nur bei richtig beantworteter Frage darf er in der nächsten Runde wieder würfeln, sonst muss er drei Felder zurück. Wer zuerst mit einer genauen Würfelzahl im Ziel ankommt, hat gewonnen.

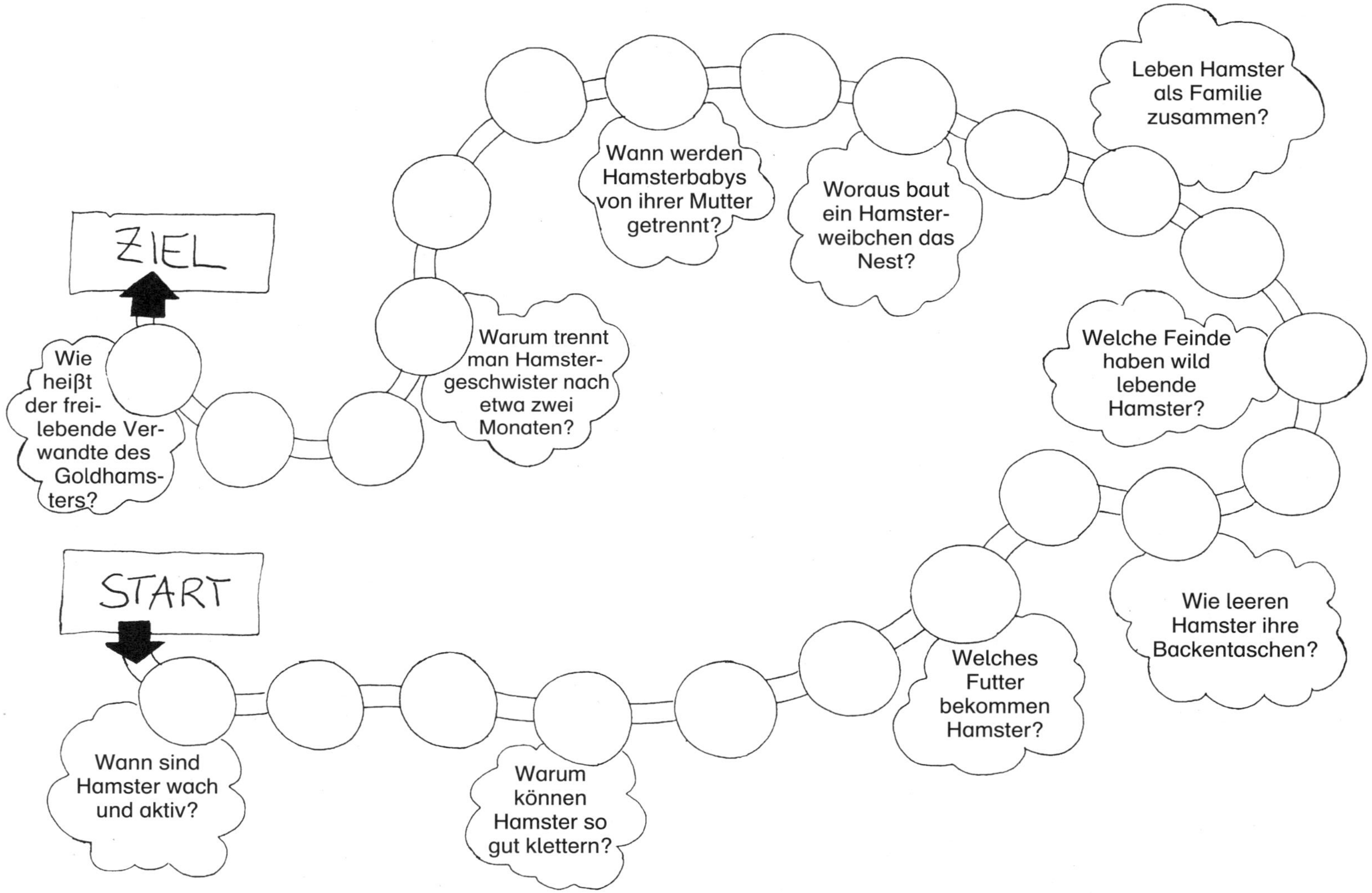

Fragen auf den Feldern:

- Leben Hamster als Familie zusammen?
- Welche Feinde haben wild lebende Hamster?
- Wie leeren Hamster ihre Backentaschen?
- Woraus baut ein Hamsterweibchen das Nest?
- Welches Futter bekommen Hamster?
- Wann werden Hamsterbabys von ihrer Mutter getrennt?
- Warum trennt man Hamstergeschwister nach etwa zwei Monaten?
- Warum können Hamster so gut klettern?
- Wie heißt der frei lebende Verwandte des Goldhamsters?
- Wann sind Hamster wach und aktiv?

START ➡ ... ZIEL ⬅

Im Buch „Meine große Tierbibliothek" findest du alle Antworten auf die Fragen.

Mona Dechant: Tiere in unserem Haus
© Auer Verlag

AB 10 Abschluss

Tipps für den Unterricht

Einheit: Aussehen und Besonderheiten

Auf AB 1 geht es darum, dass die Kinder sich über ihre Einstellung gegenüber Mäusen Gedanken machen, eine eigene Meinung entwickeln und diese auch vertreten. Dabei ist jede Meinung zulässig und Toleranz anderen Standpunkten gegenüber muss thematisiert und eingehalten werden.

Material:
- AB 1 und 2
- Tierlexika (z. B. Meine große Tierbibliothek: Die Maus)
- Internetzugang

Bei der Anfertigung einer Sachzeichnung geht es immer um eine aufmerksame und differenzierte Wahrnehmung. Das Erkennen und Betrachten – auch kleinster Details – und das zeichnerische Umsetzen stellen eine intensive Auseinandersetzung mit dem Objekt dar. Hier können auch diejenigen Kinder Erfolgserlebnisse erfahren, die sich sprachlich nicht gut in den Unterricht einbringen können.

Bei der Auseinandersetzung mit den Fragen auf AB 2 werden die Kinder sehr individuell recherchieren. Von der Vorstellung und Zusammenfassung der Ergebnisse (z. B. in einer gemeinsamen Reflexionsphase) profitieren besonders die leistungsschwachen Kinder.

Differenzierungsmöglichkeiten:
1. Die Sachzeichnung auf AB 1 kann zusätzlich beschriftet werden.
2. Die Stichwortliste auf AB 1 kann noch erweitert werden (auch durch leistungsstarke Schüler).
3. Für AB 2 können weitere Fragen (z. B. auf Kärtchen) bereitgestellt werden: *Haben Mäuse Krallen? Was sind Albinos? Zu welcher Tierfamilie gehören Mäuse? ...*
4. Vor oder nach der Bearbeitung von AB 2 kann die Klasse gemeinsam eine Kartei erstellen. Dazu werden die Fragen auf Karteikarten geschrieben und auf die Rückseite die Antworten.

Kompetenzen: Sprechen üben, erzählen und Gespräche führen; Wortschatz erweitern; Verstehend zuhören; Schreibfertigkeiten festigen; Alltagsphänomene entdecken und erforschen; Natur entdecken und erleben; Ideen und Ergebnisse präsentieren und darstellen; Mit Medien umgehen; Feinmotorik ausbauen; Konzentration schulen und Interesse wecken; Soziale Kompetenzen entwickeln

Einheit: Lebensweise und Familie

Bei der Auseinandersetzung mit AB 3 soll den Kindern klar werden, dass Mäuse sich stark vermehren und dass sie viele Feinde haben, aber auch diese kleinen Lebewesen ein

Material:
- AB 3 und 4
- Tierlexika
- Internetzugang

Recht auf Leben haben und nicht gequält werden dürfen. Die Festigung dieser Erkenntnisse kann in einer gemeinsamen Reflexionsphase sichergestellt werden.

AB 4 stellt das Leben der Rennmäuse in den Mittelpunkt und liefert dabei exemplarisch Informationen über das Verhalten von Mäusen und den richtigen Umgang mit ihnen.

Differenzierungsmöglichkeiten:
1. Nach der Bearbeitung von AB 3 können Abbildungen der Fressfeinde gesucht, ausgeschnitten und auf einem Plakat dargestellt werden (Gemeinschaftsprodukt).
2. Zum Thema Tierversuche mit Mäusen können Zeitungsberichte gesammelt und vorgestellt werden sowie Meinungen geäußert und argumentativ vertreten werden.
3. Nach der Bearbeitung von AB 4 können weitere Rechengeschichten auch auf Karteikarten geschrieben und für die weitere Arbeit in der Klasse genutzt werden.

Kompetenzen: Sprechen üben, erzählen und Gespräche führen; Wortschatz erweitern; Verstehend zuhören; Lesefähigkeiten ausbauen; Texte erschließen; Zahlen, Formen und Muster begreifen; Alltagsphänomene entdecken und erforschen; Natur entdecken und erleben; Fachbegriffe richtig verwenden und zu Sachthemen argumentieren; Ideen und Ergebnisse präsentieren und darstellen; Mit Medien umgehen; Soziale Kompetenzen entwickeln; Werte erfahren

Lösungen:
AB 3: Feinde: *Greifvögel (z. B. Falke oder Bussard), Eule, Igel, Fuchs, Iltis, Katze, Marder, Schlange*
AB 4: Lückenwörter: *Rennmäuse, Asien, Rudeln, Geruch, zahm, tagsüber, unangenehm, Glasbehälter, Schicht, Natur, springen, Draht, entkommen, Schwanz*
Lösung: *365 000 g*

Einheit: Haltung, Ernährung und Verhalten

Auf AB 5 wird thematisiert, was zur artgerechten Haltung einer Maus benötigt wird. Durch das Nachmessen und Markieren der Gitterabstände von Mäusekäfigen wird den Kindern besonders deutlich, durch welch winzige Öffnungen Mäuse schlüpfen können.

Material:
- AB 5 und 6
- Tierlexika
- Internetzugang
- Buntstifte
- Lineal

Anschließend sollte über das Pro und Contra der Mäusehaltung diskutiert werden und wichtige Voraussetzungen zum Mäusekauf (Kosten, Einverständnis aller Familienmitglieder, Zeit, ...) geklärt werden.

Die Tatsache, dass Mäuse große Schäden anrichten, darf in diesem Zusammenhang nicht weggelassen werden. Auf AB 6 werden große Unterschiede bei den Lerngruppen festzustellen sein, da die Erfahrungen und Kenntnisse der Kinder je nach Wohnort (im ländlichen oder städtischen Umfeld) sehr different sind. Beim Vortragen der Ergebnisse wird aber deutlich werden, dass jeder Vorwissen zu diesem Thema einbringen kann.

Die Arbeit am Wortfeld „bewegen" sollte erst in Einzelarbeit erfolgen, dann aber in einen Austausch in Kleingruppen oder der Klassengemeinschaft münden.

Differenzierungsmöglichkeiten:
1. Die Ergebnisse von AB 5 können in einer tabellarischen Übersicht festgehalten werden (vertiefend auch im Vergleich mit anderen Haustieren). Dabei können die Einträge durch Zeichnen, Ausschneiden und Einkleben von Abbildungen oder Schreiben erfolgen.
2. Die Gitterabstände des Mäusekäfigs können mit denen anderer Käfige für Haustiere (Papagei, Hamster, ...) verglichen werden.
3. Für AB 6 können weitere Wörter zum Wortfeld „bewegen" als Hilfe oder zur Kontrolle bereitgestellt werden. Als Zusatzaufgabe können die Schüler die Wörter nach dem ABC ordnen oder Sätze daraus bilden.

Kompetenzen: Sprechen üben, erzählen und Gespräche führen; Wortschatz erweitern; Verstehend zuhören; Schreibfertigkeiten festigen; Alltagsphänomene entdecken und erforschen; Natur entdecken und erleben; Den eigenen Körper wahrnehmen und sich bewegen; Gesundheit und Ernährung verstehen lernen; Ideen und Ergebnisse präsentieren

und darstellen; Mit Medien umgehen; Feinmotorik ausbauen; Konzentration schulen und Interesse wecken; Soziale Kompetenzen entwickeln; Werte erfahren

Lösungen:
AB 5: Nahrung: *Körner, Nüsse, Gemüse, Obst, Käse, Nüsse, Wasser, …*
Unterkunft: *Fressnapf, Trinknapf/-flasche, Metallkäfig mit Gitterstäben, Äste oder trockenes Brot zum Kürzen der Schneidezähne, Schlafhäuschen, Heu, …*
Pflege und sonstige Bedürfnisse: *Artgenossen, Laufrad, Kletter- und Turngeräte, Liebe, Beschäftigung, Versorgung (Tierarzt), Säuberung des Käfigs, …*
AB 6: Schäden: *Mäuse fressen Körner auf dem Feld, Vorräte und Pflanzenteile im Garten, zernagen Stromkabel, Bücher und Zeitschriften, hinterlassen Kot, übertragen Krankheiten, …*
Schutz: *Es hilft, wenn die Türen zu Kellerräumen und Garagen geschlossen gehalten, Fensteröffnungen mit Gittern versehen, Löcher verstopft und Nahrungsmittel nicht offen stehengelassen werden.*
Weitere Bewegungswörter: *klettern, kriechen, rennen, hangeln, huschen, laufen, springen, wippen, sausen, sich verstecken, schlüpfen, …*

Einheit: Abschluss mit fächerübergreifenden Ideen

Die Kinder lesen den Text auf AB 7 und markieren die wichtigsten Stellen. Diese Geschichte ist sehr gut geeignet, um sie nachspielen zu lassen. Dies erleichtert besonders leseschwachen Kindern die Sinnentnahme und das Textverständnis. Die Interpretation des Textes sollte erst in Einzelarbeit erfolgen, anschließend dann in Gruppen oder im Klassenverband.

Material:
- AB 7, 8 und 9
- 2-Cent-Münzen, Paranüsse, Filzreste, Bast/Zwirn, Schere, Klebstoff, Locher, Papier, Paketschnur
- Faden, dünne Pappe

Beim Basteln der Paranuss-Mäuse auf AB 8 erfahren die Kinder, wie sie aus umweltfreundlichem und sehr preiswertem Material kleine Mäuse herstellen können. Das Material ist fast in jedem Haushalt vorhanden oder preiswert zu beschaffen. Beim Zusammenkleben der Paranüsse werden allerdings Anforderungen an die Feinmotorik gestellt. Hier ist Partnerhilfe beim Ankleben eine große Unterstützung und Lernchance. Die Nuss-Mäuschen sind sehr gut als kleine Geschenke, als Spielfiguren oder zur Dekoration geeignet. Wenn keine Paranüsse zu beschaffen sind, können ersatzweise auch Walnüsse verwendet werden. Das ist auch eine gute Alternative, wenn verschiedene Spielfiguren benötigt werden.

Mit noch weniger Aufwand können kleine Papprollenmäuse hergestellt werden. Dazu wird eine Papprolle nach ca. 6 cm abgeschnitten und Ohren, Augen und Schnäuzchen (Stanzpunkte aus Locher) sowie der Schwanz (Kordel) aufgeklebt. Die Barthaare (Zwirn/aufgedrehte Paketschnur/Bast) werden mit einem Faden in der Mitte zusammengebunden und ebenfalls aufgeklebt.

Durch Versuche mit dem Mäuse-Mobile (AB 8 und 9) können die Kinder erkennen, dass warme Luft nach oben steigt und die Spirale sich dort am stärksten dreht (mögliche Anschlusseinheit zu „Luft und ihre Eigenschaften" möglich).

Differenzierungsmöglichkeiten:
1. In niedrigeren und leistungsschwächeren Klassen kann der Lehrer oder ein guter Leser die Geschichte auf AB 7 vorlesen.
2. In Anschluss an AB 7 können die Schüler ein Bild zur Geschichte malen oder aufzeichnen, was die Feldmaus und die Stadtmaus täglich als Nahrungsangebot zur Verfügung haben (tabellarische Gegenüberstellung).

Kompetenzen: Sprechen üben, erzählen und Gespräche führen; Wortschatz erweitern; Verstehend zuhören; Lesefähigkeiten ausbauen; Texte erschließen; Alltagsphänomene entdecken und erforschen; Kultur erleben; Kreatives Gestalten; Feinmotorik ausbauen; Konzentration schulen und Interesse wecken; Soziale Kompetenzen entwickeln; Werte erfahren

Lösungen:
AB 7: Mögliche Interpretationen: *Wer reich ist, hat viele Sorgen/im gewohnten Umfeld fühlt man sich am wohlsten.*

Tipps für ein Stationentraining
Folgende Arbeitsblätter eignen sich besonders, um sie zu einem Stationentraining zusammenzustellen, bei dem die wichtigsten Aspekte zum Thema Maus abgehandelt werden: AB 2, AB 4, AB 5, AB 6 und AB 7.

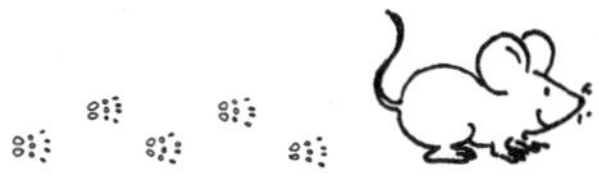

Name: _____ Datum: _____

Magst du Mäuse?

Viele Menschen halten Mäuse als Haustiere, viele andere Menschen finden aber Mäuse fürchterlich und schreien oder laufen weg, wenn eine Maus im Haus ist.

Wie findest du Mäuse?

Das finde ich gut:	Das mag ich nicht:

Du kannst diese Stichwörter verwenden:

Knopfaugen	*stinken*	*munter*	*schnell*
niedlich	*schädlich*	*hässlich*	*intelligent*
weiches Fell	*gut zu beobachten*	*kleine Pfötchen*	*klein*

Betrachte eine Maus oder eine Abbildung und zeichne sie möglichst genau auf!

Würdest du gerne Mäuse als Haustiere halten? _____

AB 1 Aussehen/Haltung

Name: _____ Datum: _____

Mäuse-Steckbrief

Erstelle einen Steckbrief über Mäuse! Du kannst dieses Blatt benutzen oder einen ganz eigenen Steckbrief anfertigen. Überlege dir, was du über Mäuse wissen willst und wo du Informationen erhältst.

Wie sehen Mäuse aus?
Wie groß sind sie? Wie schwer sind sie? Welche Farbe haben sie?

_____

_____

Wo leben Mäuse?

_____

_____

Was trinken und fressen Mäuse?

_____

_____

Welche Feinde haben Mäuse?

_____

_____

Können Mäuse schwimmen?

_____

_____

AB 2 Aussehen/Lebensweise „Meine große Tierbibliothek: Die Maus" kann dir bestimmt weiterhelfen!

Name: _____ Datum: _____

Über Mäuse

Mäuse können sich unglaublich schnell vermehren. Ein Mäusepaar kann 1000 Nachkommen im Jahr bekommen. Mäuse müssen sich aber auch so stark vermehren, weil sie – außer den Menschen – noch viele andere Feinde haben.
Welche dieser Tiere sind Feinde der Mäuse? Schreibe die Namen dieser Tiere dazu!

Mäuse haben in der Medizinforschung eine große Bedeutung. Viele Menschen meinen, dass Versuche mit Tieren gut sind, weil dadurch die Wirkung von Medizin geprüft werden kann und die neuen Medikamente kranken Menschen helfen. Andere finden, dass Tiere ein Recht auf natürliches Leben haben und nicht mit Versuchen gequält werden dürfen. Wie ist deine Meinung? Wenn Tiere schon zu Versuchszwecken gehalten werden müssen, was sollte dann dabei beachtet werden? Informiere dich über das Thema und diskutiert gemeinsam!

Hilfe findest du in „Meine große Tierbibliothek: Die Maus".

AB 3 Aussehen/Lebensweise

Name: _____ Datum: _____

Wie leben Rennmäuse?

Setze die passenden Begriffe ein!

Als Haustiere werden oft die kleinen Mongolischen _____ gehalten. Sie kommen ursprünglich aus _____. Sie sind gesellig und leben daher gern in _____ (= Gruppen) zusammen. Die Familienmitglieder erkennen sich am _____.

Rennmäuse sind neugierig, intelligent und werden schnell _____. Sie sind auch _____ aktiv und deshalb gut zu beobachten. Rennmäuse riechen nicht so _____ wie andere Mäuse.

Rennmäuse sollten in einem großen _____ untergebracht werden. Da sie gerne graben, brauchen sie eine dicke _____ Streu. Sie legen dann Gänge an wie in der freien _____.

Rennmäuse können – wie auch andere Mäuse – gut _____. Der Käfig muss deshalb mit feinem _____ abgedeckt werden. Wenn sie _____, ist es schwierig, sie wieder einzufangen.

Rennmäuse dürfen nicht am _____ hoch gehoben werden, da er sonst abfallen kann und nicht wieder nachwächst.

Asien	Draht	entkommen	Geruch	Glasbehälter
Natur	Rennmäuse	Rudeln	Schicht	Schwanz
springen	tagsüber	unangenehm	zahm	

Wenn 10 Mäuse täglich je 10 g Körner fressen, wie viel Gramm Körner fressen sie dann zusammen in 10 Jahren?

Überlege dir weitere Rechengeschichten, in denen Mäuse vorkommen!

AB 4 Lebensweise/Familie

Name: _____   Datum: _____

Mäuse als Haustiere

Mäuse sind intelligent und nicht aggressiv, sie brauchen wenig Platz, sind schnell zahm und ihre Pflege ist nicht teuer. Deshalb halten sie viele Menschen als Haustiere. Wie für alle Haustiere übernimmt der Mensch dann die Verantwortung dafür, dass die Mäuse artgerecht und gesund leben. Dazu muss er sich überlegen, was Mäuse alles brauchen.

Kreise farbig ein: Nahrung (grün), Unterkunft (blau), Pflege und sonstige Bedürfnisse (gelb)!

Schreibe oder male dazu, was die Maus sonst noch benötigt!

Miss mit einem Lineal und mache immer nach 7 mm einen Strich! So eng müssen die Gitterstäbe des Käfigs sein, damit die Mäuse nicht entkommen.

AB 5 Haltung/Ernährung

65

Name: _____   Datum: _____

Kleine Nager

Mäuse sind seit Langem bei den Menschen unbeliebt und werden gejagt, weil sie großen Schaden anrichten.

Schreibe auf, was für Schäden Mäuse anrichten! Fällt dir noch mehr ein?

_____

_____

_____

_____

_____

_____

Besonders im Herbst, wenn es kälter wird, suchen sich Mäuse Zugang in Häuser. Sehr beliebt sind Dachböden, Garagen oder Kellerräume.
Wie kann man sich davor schützen?

_____

_____

Die kleinen Nager sind sehr schnell und beweglich. Sie können schwimmen, balancieren, graben, trippeln, flitzen, …
Welche Wörter fallen dir noch ein?

_____

_____

Suche dir fünf Bewegungsarten aus und mache sie nach! Errät dein Partner, welche Bewegungen du machst?

AB 6 Lebensweise/Verhalten   Informationen findest du in „Meine große Tierbibliothek: Die Maus".

Name: _____ Datum: _____

Von der Stadtmaus und der Feldmaus

Eine Stadtmaus ging spazieren und kam zu einer Feldmaus. Die fraß sich satt an Eicheln, Gerstenkörnern, Nüssen und anderem. Aber die Stadtmaus sprach: „Warum willst du hier in Armut leben? Komm mit mir! Ich will für dich und mich reichlich und vielerlei köstliche Speisen herbeischaffen."

Die Feldmaus ging mit ihr in das wunderschöne Haus, in dem die Stadtmaus wohnte. Sie gingen in die Kammern, die voll waren mit Fleisch, Speck, Würsten, Brot, Käse und noch anderen Nahrungsmitteln. Da sprach die Stadtmaus: „Nun iss und sei guter Dinge! Solche Speisen habe ich tagtäglich im Überfluss."

Da kam der Kellermeister und rasselte mit den Schlüsseln an der Tür. Die Mäuse erschraken und rannten weg. Sie Stadtmaus fand bald ihr Loch, aber die Feldmaus wusste nicht, wohin sie sollte. Sie lief an der Wand hin und her und dachte schon, dass sie nun sterben müsse.

Als der Kellermeister wieder gegangen war, sprach die Stadtmaus: „Es besteht nun keine Gefahr mehr. Lass uns guter Dinge sein!" Die Feldmaus antwortete: „Du hast gut reden. Du konntest dein Schlupfloch gut finden. Aber ich bin vor Angst fast gestorben. Ich will dir meine Meinung sagen. Bleib du eine Stadtmaus und friss Würste und Speck. Ich will ein armes Feldmäuslein bleiben und meine Eicheln essen. Du bist keinen Augenblick sicher vor dem Kellermeister, vor den Katzen, vor den vielen Mausefallen, und das ganze Haus ist dir feind. Von alledem bin ich frei. Ich bin sicher in meinem armen Feldlöchlein."

nach Martin Luther

Lies den Text und markiere die wichtigsten Stellen!

Was will Martin Luther den Menschen mit seiner Fabel sagen?

_____

_____

Vergleiche das Leben der Mäuse!

	Feldmaus	**Stadtmaus**	**Haustiermaus**
Nahrung			
Unterkunft			
Spielmöglichkeit			
Geselligkeit			
Gefahren			
Freiheit			
…			

Diskutiert gemeinsam: Hat es eine Maus, die als Haustier gehalten wird, besser oder schlechter als frei lebende Mäuse?

Name: _____ Datum: _____

Paranuss-Mäuse & Co.

Mäuse knabbern gerne Nüsse. So kannst du aus **Paranüssen** ganz einfach Mäuse herstellen:

Du brauchst: Paranuss, 2-Cent-Münze, Filzreste, Schere, Locher, weißes Papier, schwarzer und roter Stift, Bast/Zwirn, Klebstoff, ca. 9 cm Paketschnur

So gehst du vor:

1. Zeichne den Umriss einer 2-Cent-Münze zweimal auf Filz und schneide ihn aus.

2. Schneide die Kreise bis zur Mitte ein und klebe sie so zusammen, dass ein Kegel entsteht.

3. Stanze mit einem Locher drei Punkte aus dem weißen Papier, male zwei schwarze Pupillen auf und male einen Punkt als Schnäuzchen rot an.

4. Binde die „Barthaare" (Bast, Borsten oder Zwirn) in der Mitte zusammen.

5. Klebe alle Teile an der Paranuss fest.

6. Klebe aus Paketschnur einen Schwanz an.

So bastelst du ein **Mäuse-Mobile**:

1. Male die Maus und den Schwanz auf der Vorlage aus.
2. Klebe das Blatt auf dünne Pappe.
3. Schneide den Mäusekörper und den Schwanz aus.
4. Schneide die Spirale entlang der Linien auf.
5. Klebe den Mäuseschwanz hinten am Körper fest.
6. Klebe dünne schwarze Pappstreifen (oder Ähnliches) als Tasthaare an.
7. Befestige oben an deiner Maus einen dünnen Faden und verknote ihn.

Wann bewegt sich das Mobile am stärksten? Probiere an den verschiedenen Stellen aus (z. B. neben der Tür, über der Heizung, hinter der aufgeklappten Tafel, …)!

AB 8 Basteln

Name: _____ Datum: _____

Mäuse-Mobile – Bastelvorlage

AB 9 Basteln

Tipps für den Unterricht

Einheit: Aussehen und Besonderheiten

Auf den AB 1 und 2 steht die intensive Auseinandersetzung mit dem Aussehen der Schildkröte im Zentrum. Am besten wäre es, wenn dazu ein lebendes Tier betrachtet werden könnte, aber auch Abbildungen sind als Anschauungsobjekte geeignet. Es bietet sich an, in diesem Zusammenhang den Umgang mit der Lupe zu thematisieren und zu üben, damit optimale Vergrößerungen und Ansichten möglich werden.

> **Material:**
> - AB 1 und 2
> - (Abbildung einer) Schildkröte
> - Lupe
> - Tierlexika (z. B. *Meine große Tierbibliothek: Die Schildkröte*)
> - Internetzugang
> - Wörterbuch, Lexikon
> - Material für Experimente: z. B. Löwenzahnblüten, Kräuter, Klangstab, ...

Die Fragen auf den beiden AB können z. T. durch Nachdenken beantwortet werden, aber nicht alle. Die Schüler benötigen deshalb Anschauungs- und Recherchematerial.

Besonders für die Tests auf AB 2 wäre es hilfreich, wenn eine reale Schildkröte in der Klasse oder bei einem Ausflug zur Verfügung stehen würde.

Bei den Experimenten müssen die Regeln zu Umgang mit Tieren (siehe S. 4) unbedingt thematisiert werden. Es muss darauf geachtet werden, dass der Schildkröte keine für sie gefährlichen Nahrungsmittel angeboten werden oder sie verletzt wird.

Im Anschluss daran können die Sinnesleistungen der Schildkröte mit denen des Menschen verglichen werden. Diese können zum Vergleich getestet werden. Wer findet das Gemüse zuerst: die Schildkröte oder der Schüler mit verbundenen Augen?

Differenzierungsmöglichkeiten:
1. Die Zeichnung auf AB 1 kann zusätzlich beschriftet werden.
2. Zu den Begriffen „Schild" und „Panzer" können auf AB 1 als Zusatzaufgabe Abbildungen und/oder weiterführende Begriffe gesucht und geklärt werden: Panzerglas, Panzerschrank, Brustpanzer, ...
3. Die Experimente von AB 2 können als Demonstrationsversuche vom Lehrer vor der ganzen Klasse vorgeführt werden.

Kompetenzen: Wortschatz erweitern; Natur entdecken und erleben; Ideen und Ergebnisse präsentieren und darstellen; Mit Medien umgehen; Feinmotorik ausbauen; Wahrnehmen mit allen Sinnen

Lösungen:
AB 1: Wovor schützt der Panzer die Schildkröte? *Er schützt sie vor Feinden und Verletzungen.*
Unterschiede zwischen Männchen und Weibchen: *Der Panzer des Weibchens ist über dem Schwanz flach, während der des Männchens nach innen gewölbt ist.*
Schild: *flache, tragbare Schutzwaffe zur Abschirmung von Hieben, Stichen, Hitze, ...*
Panzer: *Schutzhülle aus festem Material und Militärfahrzeug aus Stahl*
AB 2: Kann die Schildkröte hören? Hat sie Ohren? *Schildkröten haben ein unter der Haut liegendes Hörorgan. Ohrmuscheln sind nicht vorhanden, aber das Trommelfell ist schräg hinter den Augen als dunkler Fleck erkennbar.*

Einheit: Herkunft, Familie, Ernährung und Lebensweise

Da die meisten Kinder sehr stark von Sauriern beeindruckt sind, bietet es sich an, die Zugehörigkeit von Schildkröten und Sauriern zu den Reptilien zu thematisieren. Dabei ist sehr interessant und regt zum Staunen an, dass es Schildkröten bereits vor den Sauriern gab. Das Sammeln und

> **Material:**
> - AB 3 und 4
> - Tierlexika
> - Internetzugang
> - evtl. verschiedene Kräuter und Pflanzen

Vorstellen von Informationen und Abbildungen auf AB 3 lässt deutlich werden, welch unterschiedliche Tiere zu den Reptilien gehören und welche Formen- und Farbvielfalt anzutreffen ist.

AB 4 beschäftigt sich sowohl mit der Ernährung der Schildkröte als auch mit ihren Feinden. Um die zusätzlichen Kräuter aufzuzeichnen, müssen sich die meisten Kinder erst über das Aussehen der Pflanzen informieren. Hilfreich ist es, wenn der Lehrer verschiedene Pflanzen mitbringt.

Obwohl die Schildkröte gut „gepanzert" ist, hat sie auch einige Feinde. Besonders die Eier und die jungen Schildkröten, deren Panzer noch nicht ausgehärtet sind, sind gefährdet. Dies wird im 2. Teil der AB behandelt.

Differenzierungsmöglichkeiten:
1. Wenn die Kinder besonderes Interesse zeigen, kann auch eine Reptilien-Kartei in der Klasse erstellt werden. Dazu werden Karteikarten bereitgestellt und mit den Kindern besprochen, welche Aspekte/Kriterien aufgenommen werden sollen (z. B. Name, Aussehen, Größe, Gewicht, Eigenschaften, Foto, Abbildung, ...).
2. Zusammenfassend kann in Anschluss an AB 3 ein Plakat erstellt werden (z. B. Reptilien allgemein, Schildkröten, Saurier, ...).
3. Pflanzen oder Pflanzenteile, die die Schildkröte gerne frisst, können gesammelt, gepresst und so – über die Dauer der Unterrichtseinheit hinaus – konserviert werden. Geeignet dazu sind u. a. Löwenzahn, Klee, Kamille, Brennnessel, Spitzwegerich, Zaunwicke, Schafgarbe, Ackerwinde und Giersch.

Kompetenzen: Sprechen üben, erzählen und Gespräche führen; Wortschatz erweitern; Verstehend zuhören; Natur entdecken und erleben; Ideen und Ergebnisse präsentieren und darstellen; Mit Medien umgehen; Feinmotorik ausbauen; Soziale Kompetenzen entwickeln

Lösungen:
AB 3: Gemeinsamkeiten von Reptilien: *Wirbelsäule, Lungenatmer, wechselwarme Tiere, schuppenbedeckte Haut, eierlegende Tiere, ...*
Wie alt werden Schildkröten? *Das Alter unterscheidet sich je nach Rasse und Größe. Riesenschildkröten können bis zu 150 oder sogar 200 Jahre alt werden. Viele kleinere Schildkrötenarten werden aber durchschnittlich nur 30–40 Jahre alt.*
AB 4: Nahrung: *Kräuter, Gras, Blätter, Wurm, Schnecke*
Wie viele Zähne haben Schildkröten? Womit beißen sie ihre Nahrung? *Die heutigen Schildkröten besitzen keine Zähne, aber kräftige Kiefer aus Horn, mit denen sie gut beißen können. Meist schlucken Schildkröten ihre Nahrung ohne zu kauen oder sie reißen sich Stücke ab.*
Feinde: *Dachs, Marder, Greifvögel (z. B. Falke), Igel, Fuchs, Hund, Wildschwein, ...*

Tipps für den Unterricht

Einheit: Entwicklung und Lebensweise

AB 5 informiert die Schüler über die Entwicklung kleiner Schildkröten. Dazu können die Kinder noch weitere Informationen (Sachbücher, Internet, Experten, …) einholen. Hier soll besonders deutlich werden, dass die Elterntiere sich nach der Eiablage nicht mehr um den Nachwuchs kümmern. Das Ausbrüten ist von der Außentemperatur abhängig, die Schlüpflinge müssen selbst für Essen und Trinken sorgen und Schutz suchen. Staunen und emotionale Zugänge werden besonders dann ermöglicht, wenn das „Funktionieren der Natur" in einem Plenumsgespräch thematisiert wird.

Beim Aufzeichnen des Schildkröteneis und der Körperlänge eines Schlüpflings sollte auf die genaue Einhaltung der Form und der Maße geachtet werden. Zur besseren Vorstellung kann ein Gummibärchen o. Ä. zum Vergleich heran gezogen werden.

Das Scheibenmodell auf den AB 6 und 7 ist sehr gut geeignet, um das Schildkrötenleben im Jahreslauf kennenzulernen und immer wieder anzusehen. Es bietet sich sowohl für die Einzelvertiefung als auch für die (spielerische) Nutzung mit dem Partner an.

Das Jahr der Schildkröte kann anschließend in Bewegungen umgesetzt werden.

Auch ohne das Buch von Michael Ende gelesen zu haben, können die Kinder die Frage auf AB 6 beantworten. Danach kann das Thema Zeit philosophisch vertieft werden.

Material:
- AB 5, 6 und 7
- Tierlexika
- Internetzugang
- Lineal
- Evtl. Gummibärchen
- Schere, Klebstoff, dünne Pappe, Musterklammer

Differenzierungsmöglichkeiten:

1. In den unteren Jahrgangsstufen kann die Erarbeitung der Entwicklung auch mündlich im Klassenverband erfolgen. Die Kinder zeichnen lediglich das Schildkrötenei und die Körperlänge auf.
2. In Anlehnung an das Scheibenmodell zum Schildkrötenjahr können die Schüler das Modell auf andere Tiere übertragen und die zweite Scheibe durch eine selbst geschriebene ersetzen.
3. Nach der Herstellung des Modells können die Schüler überlegen, wie sich die Menschen oder sie sich selbst in den verschiedenen Jahreszeiten verhalten. Dazu können Geschichten geschrieben oder eigene Scheibenmodelle gebastelt werden.

Kompetenzen: Sprechen üben, erzählen und Gespräche führen; Wortschatz erweitern; Verstehend zuhören; Natur entdecken und erleben; Ideen und Ergebnisse präsentieren und darstellen; Mit Medien umgehen; Feinmotorik ausbauen; Soziale Kompetenzen entwickeln

Lösungen:
AB 5: Lösungswort: *SCHALE*
Ei: *3 cm, oval*
Körperlänge: *4 cm*
Gewicht: *Ein Schlüpfling wiegt ca. 10 g.*
AB 6: Die Schildkröte wird oft als Symbol für Zeit verwendet, weil *Schildkröten schon sehr lange auf der Erde leben, die Individuen sehr alt werden können und sie sehr viel Zeit für alles benötigen (Fressen, Verdauen, Fortbewegen).*
Weitere Geschichten und Filme: *„Findet Nemo" (mit der Schildkröte Crush), „Tortuga – Die unglaubliche Reise der Meeresschildkröte", „Sammys Abenteuer – Die Suche nach der geheimen Passage", …*

Einheit: Haltung und Basteln

Die Vorschriften zum Artenschutz, die auf AB 8 zusammengefasst werden, sollten in gemeinsamen Unterrichtsphasen mit allen Kindern angesprochen werden. Dann wird den Schülern recht schnell deutlich, dass sich Schildkröten als Haustiere nicht besonders gut eignen.

Schildkröten sind nicht im Zimmer zu halten (nur Jungtiere oder bei Erkrankung), sondern benötigen ein großes Freigehege. Die Ausstattung einer solchen Anlage wird auf AB 8 zeichnerisch umgesetzt. Informationen dazu und zum Winterquartier müssen sich die Kinder durch Recherche (Bücher, Internet, Experten, …) erarbeiten.

Zum Abschluss des Themenbereiches „Schildkröten" werden auf AB 9 noch passende Gestaltungsaufgaben angeboten. Die Filzuntersetzer-Schildkröte ist einfach herzustellen und vielfältig zu gestalten. Es kann sowohl ein naturgetreuer „Panzer" nachgebildet werden, möglich ist aber auch eine kreative Ausgestaltung. Die Mini-Schildkröte aus Knetmasse eignet sich gut als Dekoration oder Spielfigur.

Material:
- AB 8 und 9
- Tierlexika
- Internetzugang
- Buntstifte
- Getränkefilze, Tonpapier, Filzstifte,
- Schere, Klebstoff
- Knetmasse, Walnüsse

Differenzierungsmöglichkeiten:

1. Die Gestaltung des artgerechten Freigeheges auf AB 8 ist keine einfache Aufgabe. Der Lehrer kann zur Vereinfachung die wichtigsten Bestandteile als Wortkarten bereitlegen.
2. Die Haltung der Schildkröte kann zur Vertiefung mit der der anderen Haustiere verglichen werden.

Kompetenzen: Wortschatz erweitern; Natur entdecken und erleben; Ideen und Ergebnisse präsentieren und darstellen; Mit Medien umgehen; Feinmotorik ausbauen; Lesefähigkeiten ausbauen

Lösungen:
AB 8: Lösungswort: *Freigehege*
Bestandteile eines artgerechten Freigeheges: *sonnige Stellen, Schattenplätze, dicht bewachsener Boden mit Mulden, Aufschüttungen, Steinen, Hölzern, Ästen, Sand, Erde und niedrigen Sträuchern, trockene, steinige Flächen, Versteck- und Klettermöglichkeiten, Schlaf- und Schutzhäuschen, Wasserstelle, Futterpflanzen, Umzäunung (mind. 30 cm hoch, undurchsichtig).*
Winterquartier: *Hat die Schildkröte die Möglichkeit im Gewächshaus zu überwintern, sollte man dort ein großes Loch ausheben und es mit lockerer Erde und Blättern auffüllen. Dann gräbt sich die Schildkröte dort selbstständig ein. Eine sichere Möglichkeit zur Überwinterung ist es aber auch, die Schildkröte im Keller oder im Kühlschrank aufzubewahren. Dazu wird sie in eine Kiste gesetzt, die mit Erde, Sand und Blättern gefüllt ist, in die sich die Schildkröte eingräbt (Luftlöcher oder Lüftung nicht vergessen!).*

Tipps für ein Stationentraining
Folgende Arbeitsblätter eignen sich besonders, um sie zu einem Stationentraining zusammenzustellen, bei dem die wichtigsten Aspekte zum Thema Schildkröte abgehandelt werden: AB 1, AB 4, AB 4, AB 6 und AB 7.

Name: _____   Datum: _____

Wie sieht eine Schildkröte aus?

Betrachte eine Schildkröte oder eine Abbildung von ihr mit der Lupe!
Zeichne ein, was fehlt (Schuppen, Muster des Panzers, …), und male die Körperteile in den richtigen Farben an!

Schildkröten haben viele Besonderheiten, ganz besonders interessant ist aber ihr fester Panzer. Er besteht aus dem Rückenpanzer und dem Bauchpanzer. Die beiden Hälften sind an den Seiten durch die „Brücken" fest miteinander verbunden. Öffnungen gibt es im Panzer nur für den Kopf, die Beine und den Schwanz.
Schildkröten können ihren Panzer niemals verlassen, da ihre Wirbelsäule fest mit ihm verwachsen ist. Der Panzer schützt die Schildkröten beim Schlafen und vor vielen Gefahren.

Wovor schützt der Panzer die Schildkröte? Kreuze an, was richtig ist!

- ○ vor Hochwasser
- ○ vor Feinden
- ○ vor Feuer
- ○ vor Müdigkeit
- ○ vor Krankheiten
- ○ vor Erdbeben
- ○ vor Blitzen
- ○ vor Verletzungen

Man kann Männchen und Weibchen an ihrem Panzer unterscheiden. Informiere dich und beschreibe die Unterschiede!

_____
_____

„Schild" und „Panzer" haben die Menschen auch einige Erfindungen benannt, die sie bei Angriffen schützen sollen.
Suche Informationen (Wörterbuch, Lexikon, Internet, …) und erkläre die Begriffe!

Schild: _____
_____

Panzer: _____
_____

AB 1 Aussehen   Hilfe findest du in „Meine große Tierbibliothek: Die Schildkröte".

Name: _____ Datum: _____

Hat eine Schildkröte Ohren?

👁	Schildkröten sehen sehr gut. So können sie Nahrungsquellen schon von weitem erfassen (z. B. eine gelbe Blüte). Sie erkennen aber auch Partner, Feinde, den Stand der Sonne, ihren Pfleger, ...
👃	Das Riechorgan ist das am stärksten ausgeprägte Sinnesorgan der Schildkröte. Besonders wichtig ist es für die Nahrungssuche und das Erkennen der Artgenossen und Partner. Wasserschildkröten können sogar unter Wasser riechen.
👄	Schildkröten können Unterschiede im Geschmack feststellen. Wenn mehrere Nahrungsangebote vorhanden sind, entscheidet sich die Schildkröte für ihre Lieblingsspeise.
✋	Schildkröten fühlen mit ihrer Haut. So können sie die Temperatur wahrnehmen und Hindernisse (z. B. Steine, Wurzeln, Äste, ...) spüren. Schildkröten können aber auch Erschütterungen sehr gut wahrnehmen. So spüren sie, wenn ein Feind naht oder der Partner.
👂	Informiere dich: Kann die Schildkröte hören? Hat sie Ohren? _____ _____

Überlege, wie man die verschiedenen Sinnesleistungen der Schildkröte testen könnte! Denke aber daran, dass man keine Stresssituation für das Tier hervorrufen darf.

Sehen: _____

Hören: _____

Riechen: _____

Schmecken: _____

Fühlen: _____

Wenn du die Möglichkeit hast, probiere die Aufgaben mit einer Schildkröte aus und schreibe deine Beobachtungen auf!

AB 2 Aussehen/Lebensweise

Name: _____   Datum: _____

Wie alt sind Schildkröten?

Schildkröten sind Reptilien und gehören zu den ältesten Tierarten. Es gibt sie schon seit über 200 Millionen Jahren. Schildkröten waren bereits vor den Sauriern auf der Erde. Auch die Saurier waren Reptilien. Die Reptilien sind wechselwarme Tiere. Das heißt, dass ihre Körperwärme von der Außentemperatur abhängig ist. Deshalb nehmen Reptilien auch gerne ein Sonnenbad (bis sie ihre Körpertemperatur erreicht haben). Da es in Deutschland nicht so warm ist, können Schildkröten bei uns nicht in der freien Natur überleben.

Informiere dich: Was sind Reptilien? Wie unterscheiden sie sich von anderen Tierarten? Welche Tiere zählen dazu?

_____

_____

_____

Sammle Reptilien-Abbildungen und -Informationen und stelle deine Ergebnisse in der Klasse vor!

Klebe hier deine Lieblingsabbildung auf oder zeichne das Tier!

Informiere dich: Wie alt werden Schildkröten?

_____

_____

AB 3 Herkunft/Familie/Lebensweise

Name: _____ Datum: _____

Fressen und gefressen werden

Schildkröten fressen vor allem pflanzliche Nahrung. Besonders gerne mögen sie:

_____   _____   _____
   ÄEKRRTU   AGRS   ÄBELRTT

Zeichne noch weitere Kräuter dazu (z. B. Löwenzahn, Klee, Kamille, Brennnessel, …)!

Doch ab und zu verzehren Schildkröten auch einen fetten Fleischhappen,

einen _____ oder eine _____ (sogar mit Haus!).

Informiere dich: Wie viele Zähne haben Schildkröten? Womit beißen sie ihre Nahrung?

_____

_____

Aber auch Schildkröten selbst sind für manche anderen Tiere richtige Leckerbissen. Ausgewachsene Schildkröten sind durch ihren Panzer gut gegen Feinde geschützt, aber die Eier und die jungen Schildkröten sind für viele Tiere leichte Beute. So ist der

_____ zum Beispiel ein großer Eierfreund.
        ACDHS

Welche Tiere fressen junge Schildkröten?
Kennst du noch einen weiteren Feind? Zeichne ihn dazu!

_____   _____   _____   _____

Informiere dich: Informationen findest du auch in „Meine große Tierbibliothek: Die Schildkröte".

AB 4 Lebensweise/Ernährung

Name: _____   Datum: _____

Wie entwickeln sich kleine Schildkröten?

Nummeriere die Texte in der richtigen Reihenfolge:

○	Das Baby klopft sie mit dem Eizahn die Schale an und drückt – oft mehrere Stunden lang – bis die Schale aufbricht.	A
○	Nach dem Schlüpfen streckt sie sich und entfaltet den noch weichen Panzer. Junge Schildkröten sind nach dem Schlüpfen sehr empfindlich, weil der weiche Panzer sie noch nicht schützen kann. Die Winzlinge müssen deshalb schnell Schutz suchen und in Deckung gehen.	L
○	Etwa drei Monate dauert die Entwicklung der Schildkröte im Ei. Die kleine Schildkröte ist im Ei in der Mitte zusammengelegt.	H
○	Bis der Panzer der jungen Schildkröte hart ist und Schutz bietet, dauert es ca. acht Jahre.	E
○	Ca. drei Wochen nach der Paarung legt die Schildkröte bis zu fünf Eier. Jedes Ei ist etwa 3 cm lang und oval. Das Weibchen gräbt eine Grube, legt die Eier ins Loch und schüttet es wieder zu. Dann läuft sie davon und kommt nicht mehr zurück.	C
○	Schildkröten werden erst mit ca. zwölf Jahren geschlechtsreif. Trifft ein Männchen ein bereites Weibchen, dann paaren sie sich und gehen gleich darauf wieder getrennte Wege.	S

Lösungswort: __ __ __ __ __ __

Zeichne ein Schildkröten-Ei! Achte dabei auf die Größe und die Form.

Frisch geschlüpfte Schildkröten sind ca. 4 cm groß. Sie haben Hunger und Durst. Im Ei waren sie gut versorgt, aber nach dem Schlüpfen müssen sie von Anfang an selbst für sich sorgen. Vater und Mutter lernen sie nie kennen.
Zeichne mit einem Lineal die Körperlänge auf!

Informiere dich: Wie viel wiegt ein Schlüpfling?

AB 5 Entwicklung

Lies dazu in „Meine große Tierbibliothek: Die Schildkröte".

Name: _____ Datum: _____

Wie verläuft das Schildkrötenjahr?

Die Schildkröten haben sich im Verlauf ihrer Entwicklungsgeschichte an den Wechsel der Jahreszeiten angepasst. Du kannst eine Uhr für das Schildkrötenjahr bauen.

Das brauchst du:
- dünne Pappe
- Schere
- Klebstoff
- Musterklammer

So gehst du vor:
1. Klebe die Vorlage auf dünne Pappe und schneide die beiden Scheiben aus.
2. Beschrifte die grauen Felder mit den vier Jahreszeiten und schneide bei der anderen Scheibe die Felder entlang der gestrichelten Linie aus.
3. Lege die Scheiben übereinander und bohre vorsichtig ein Loch durch die Mitte.
4. Füge beide Scheiben mit einer Musterklammer zusammen.
5. Stelle die passenden Jahreszeiten ein.

Du kannst auch einen Partner suchen und mit ihm ein Quiz machen (z. B. vorlesen und Jahreszeiten erraten).

In dem Buch „Momo" (von Michael Ende) symbolisiert eine Schildkröte die Zeit. Beschreibe, warum dies passend ist!

_____
_____
_____
_____

Kennst du weitere Geschichten oder Filme, in denen Schildkröten eine wichtige Rolle spielen?

_____
_____

AB 6 Lebensweise

Name: _____ Datum: _____

Wie verläuft das Schildkrötenjahr? – Bastelvorlage

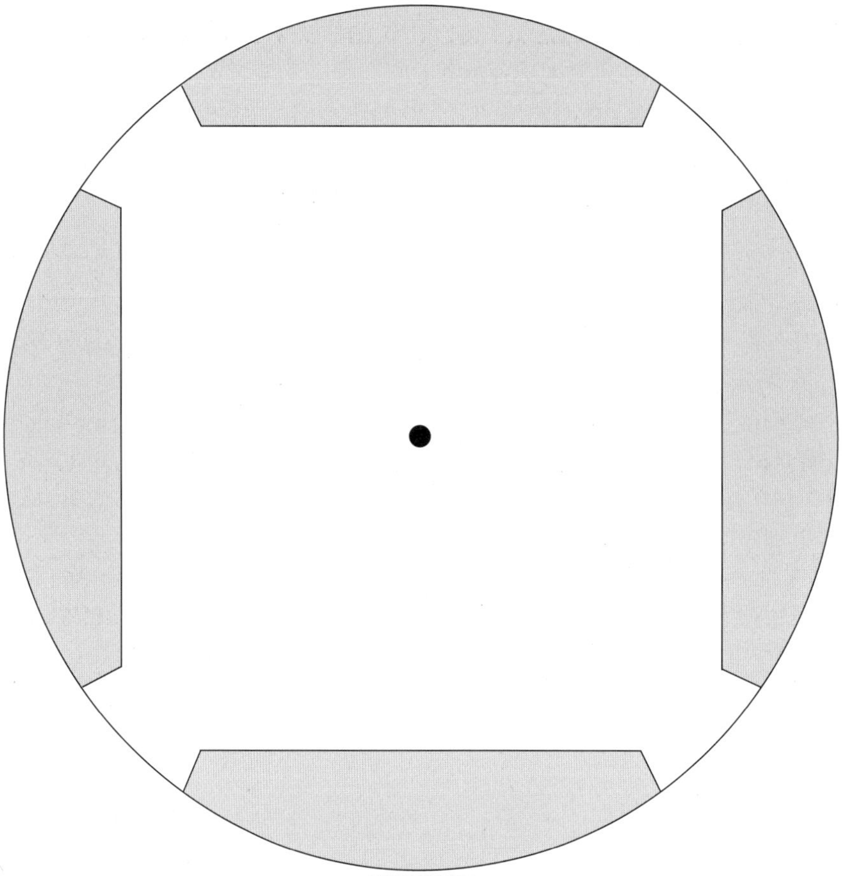

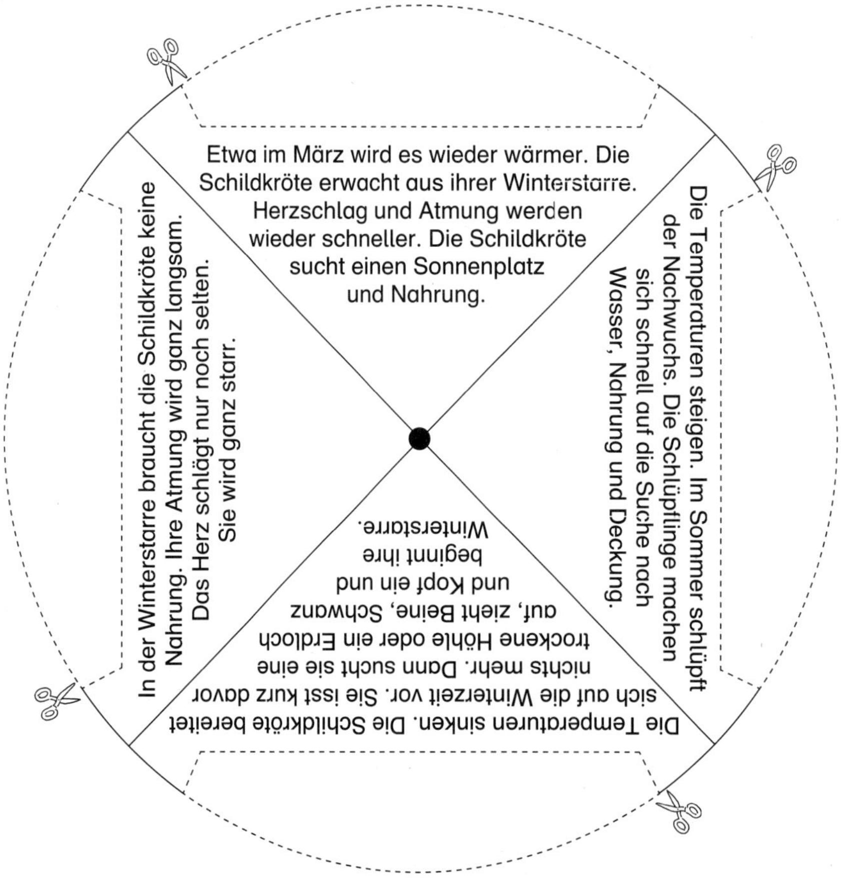

Etwa im März wird es wieder wärmer. Die Schildkröte erwacht aus ihrer Winterstarre. Herzschlag und Atmung werden wieder schneller. Die Schildkröte sucht einen Sonnenplatz und Nahrung.

Die Temperaturen steigen. Im Sommer schlüpft der Nachwuchs. Die Schlüpflinge machen sich schnell auf die Suche nach Wasser, Nahrung und Deckung.

Die Temperaturen sinken. Die Schildkröte bereitet sich auf die Winterzeit vor. Sie isst kurz davor nichts mehr. Dann sucht sie eine trockene Höhle oder ein Erdloch auf, zieht Beine, Schwanz und Kopf ein und beginnt ihre Winterstarre.

In der Winterstarre braucht die Schildkröte keine Nahrung. Ihre Atmung wird ganz langsam. Das Herz schlägt nur noch selten. Sie wird ganz starr.

AB 7 Lebensweise

Name: _____ Datum: _____

Eine Schildkröte als Haustier?

Schildkröten sind nie als Haustiere gezüchtet worden, obwohl man in früheren Zeiten ihren Panzer verwendete und auch ihr Fleisch aß.
Aber seit einiger Zeit werden Schildkröten als Haustiere gehalten, vor allem Griechische Landschildkröten. Wie alle Schildkrötenarten stehen sie unter Naturschutz. Deshalb muss man die Vorschriften über den Artenschutz unbedingt beachten:

> **Man darf keine Schildkröte aus der freien Natur entnehmen!**
> **Jede Schildkröte, die man kauft, muss angemeldet werden und bekommt einen Pass!**
> **Schildkröten sind keine Schmusetiere, sondern Wildtiere. Deshalb nur beobachten: nicht hochheben, anschieben oder anderweitig eingreifen!!!**

Zwar sind Schildkröten ziemlich genügsam, doch ihre Haltung als Haustier ist nicht so einfach. Schildkröten brauchen viel Bewegung, einen großen Auslauf und deshalb ein

_____ .

E E E E F G G H I R

Markiere die wichtigsten Textstellen!

Zeichne ein artgerechtes Freigehege für Schildkröten! Denke an Schutzhäuschen, Sonnenplätze, Schattenplätze und einen Eiablageplatz. Natürlich darf auch ein Zaun, der tief in die Erde gegraben werden muss, nicht fehlen.

Informiere dich: Was muss beim Winterquartier beachtet werden?

_____
_____
_____

AB 8 Haltung

Name: _____ Datum: _____

Schildkröten zum Anfassen

Schildkröten soll man nicht aus ihrer gewohnten Umgebung nehmen. Hier sind aber Schildkröten, die du anfassen darfst!

Das brauchst du:
- einen runden Filzuntersetzer
- braunes oder gelbes Tonpapier
- Filzstifte
- Schere
- Klebstoff

So gehst du vor:

1. Beklebe einen Filzuntersetzer auf einer Seite mit Tonpapier.

2. Zeichne auf einer Seite die Felder des Panzers mit Filzstift auf.

3. Zeichne Kopf, Beine und Schwanz auf Tonpapier und schneide sie aus.

4. Klebe die ausgeschnittenen Körperteile von unten an den Getränkefilz.

Um größere Schildkröten zu basteln, kannst du statt Filzuntersetzer umgedrehte Pappteller verwenden!

Und so kannst du einen Winzling mit Knetmasse und einer Walnusshälfte gestalten:

Das brauchst du:
- Knetmasse
- Walnuss

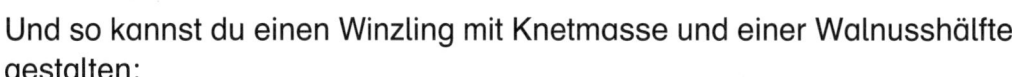

1. Forme den Körper der Schildkröte aus Knetmasse.

2. Drücke eine Walnusshälfte als Panzer darauf.

Tipps für den Unterricht

Einheit: Familie und Aussehen

Material:
- AB 1 und 2
- Tierlexika
- Internetzugang
- Schere, Klebstoff

Vor der Bearbeitung von AB 1 muss der Unterschied zwischen Nutz- und Heimtieren besprochen werden. Dann notieren die Schüler individuell, weshalb die verschiedenen Vögel von Menschen gehalten werden. Anschließend bietet sich eine Diskussion in Kleingruppen an. Strittige Punkte und offene Fragen werden notiert und als Grundlage für Plenumsgespräche verwendet (Meinungen äußern, begründen, verteidigen, Ergebnissicherung).

AB 2 zeigt die Abbildung eines Wellensittichs. Die Schüler sehen sie sich genau an und beschriften die Körperteile (evtl. unter Hinzuziehung von Informationsquellen), bevor sie sich eigenständig über die Farbe des Gefieders informieren.

Differenzierungsmöglichkeiten:
1. Auf AB 1 können weitere Vögel und die Gründe für ihre Haltung ergänzt werden (z. B. Strauß, Fasan, Schwan).
2. Mit Kindern der niedrigeren Jahrgangsstufen können die Beispiele auf AB 1 gemeinsam erarbeitet werden. Dabei stehen die Bezeichnungen der Tiere und ihr Aussehen im Vordergrund.
3. Die Bezeichnungen der Körperteile auf AB 2 können abgeschnitten und als Lernkontrolle angeboten werden.

Kompetenzen: Sprechen üben, erzählen und Gespräche führen; Wortschatz erweitern; Verstehend zuhören; Schreibfertigkeiten festigen; Alltagsphänomene entdecken und erforschen; Natur entdecken und erleben; Fachbegriffe richtig verwenden und zu Sachthemen argumentieren; Mit Medien umgehen; Kreatives Gestalten; Feinmotorik ausbauen

Lösungen:
AB 1: Nutztiere: *Huhn, Gans, Falke, Pfau;* Heimtiere: *Papagei, Wellensittich, Pfau*

Wellensittich	*sieht schön aus und kann sprechen lernen*
Gans	*Fleisch und Eier werden gegessen, Federn z. B. für Kissen verwendet*
Falke	*hilft bei der Jagd*
Pfau	*sieht schön aus, Federn werden zur Dekoration verwendet*
Papagei	*sieht schön aus und kann sprechen lernen*

AB 2: Farbe des Gefieders: *viele verschiedene Varianten mit den Farben Grün, Blau, Gelb, Weiß und Grau.*

Einheit: Aussehen und Lebensweise

Material:
- AB 3, 4 und 5
- Tierlexika
- Internetzugang
- Schere, Klebstoff, Papier (DIN A4), Locher, Musterklammer
- Vogelfeder (z. B. vom Huhn)
- Lupe
- Tinte

AB 3 stellt die Leistungen der Körperteile des Wellensittichs in den Mittelpunkt, die die Schüler aus den Texten erschließen und mithilfe des Lösungswortes kontrollieren. Bei Unsicherheiten können Sachbücher und das Internet hinzugezogen werden.

Das Fliegen und das richtige Funktionieren der Federn sind für Vögel lebensnotwendig. Der Körperbau des Wellensittichs ist ganz für das Fliegen ausgestattet – ohne diese Eigenschaft würde ein Wellensittich in freier Wildbahn nicht lange überleben. Die Schüler eignen sich auf AB 4 und 5 Informationen darüber an und benötigen Material zur eigenständigen Recherche.

Durch selbstständige Versuche sollen die Kinder herausfinden, dass Luft je nach „Federstellung" unterschiedlich verdrängt und bewegt wird bzw. tragen kann.

Wichtig: Die Schüler sollen dabei Vermutungen äußern, ihre Versuchsdurchführung und Beobachtung verbalisieren, die Ergebnisse mit den Vermutungen vergleichen und Erklärungen formulieren (Fallgeschwindigkeit und -richtung verändern sich).

Ebenso wird die Anatomie und Bedeutung einer einzelnen Feder durch das genaue Betrachten und Untersuchen klarer. Der komplizierte und bestaunenswerte Aufbau wird durch Messen, Zählen, Beschreiben und das Anfertigen einer Sachzeichnung deutlich.

Abschließend basteln sich die Schüler eigene Schreibfedern.

Differenzierungsmöglichkeiten:
1. AB 3 kann als Partnerübung wie ein Quiz bearbeitet werden.
2. Im Anschluss an AB 4 können weitere Materialien getestet und die Ergebnisse in die freien Zeilen eingetragen werden.
3. Als weiterer Versuch bietet sich an: Was wird besser von der Luft getragen: ein unbehandeltes Blatt Papier oder ein zusammengeknülltes? (Es werden zwei gleich große Blätter Papier, z. B. Zeitungspapier, verwendet.)
4. Zusatzaufgabe zu AB 5: Was bedeutet der Begriff „Soziale Gefiederpflege" bei den Wellensittichen? *(So bezeichnet man die gegenseitige Pflege der Vögel durch Artgenossen. Sie ist nur bei einander vertrauten Wellensittichen zu beobachten. Neben der Pflege der Kopffedern wird dabei die Bindung zwischen den beiden Vögeln gestärkt.)*

Kompetenzen: Sprechen üben, erzählen und Gespräche führen; Wortschatz erweitern; Verstehend zuhören; Lesefähigkeiten ausbauen; Texte erschließen; Zahlen, Formen und Muster begreifen; Alltagsphänomene entdecken und erforschen; Natur entdecken und erleben; Fachbegriffe richtig verwenden und zu Sachthemen argumentieren; Ideen und Ergebnisse präsentieren und darstellen; Mit Medien umgehen; Kultur erleben; Kreatives Gestalten; Feinmotorik ausbauen

Lösungen:
AB 3: Lösungswort: *KÖRPERTEIL*
AB 4: Lückenwörter: *Fliegen, Knochen, stark, Lunge, Federn, Flugrichtung*
AB 5: Federpflege: *Wenn die Federn nicht gepflegt werden oder ausfallen, sind die Vögel flugtüchtig und müssen verhungern oder werden gefressen. Ohne den Schutz des Gefieders vor Nässe und Kälte können die Tiere auch krank werden oder erfrieren.*

Einheit: Herkunft, Lebensweise und Verhalten

Material:
- AB 6 und 7
- Tierlexika
- Internetzugang

Um die Bedürfnisse von Wellensittichen, die als Haustiere gehalten werden, zu kennen und zu verstehen, ist es wichtig, Informationen über das Leben der Tiere im natürlichen Umfeld zu gewinnen. Diese erhalten die Schüler mit AB 6.

Die letzte Frage auf dem AB kann dazu dienen, die Begriffe der Familienmitglieder der Vögel zu klären (Hahn, Henne, Küken). Diese Bezeichnungen kennen die Schüler bestimmt von den Hühnern, aber wissen wahrscheinlich nicht, dass sie auf alle Vögel zutreffen.

Da Wellensittiche in freier Natur reine Schwarmvögel und auf die Gemeinschaft angewiesen sind, sind die Bewegungen und Lautäußerungen in der und für die Gemeinschaft sehr wichtig. Wellensittiche sind nicht zuletzt wegen ihres lebhaften Verhaltens als Haustiere so beliebt. Sie sind sehr rege und fast

ständig in Bewegung. Die unterschiedlichen Tätigkeiten lassen sich durch genaues Betrachten und Wahrnehmen der Abbildungen auf AB 7 erschließen. Gleichzeitig eignet sich das AB zur Wortschatzerweiterung.

Differenzierungsmöglichkeit:
Nach der Bearbeitung von AB 7 können die Verben unterstrichen werden, die mit Lauten verbunden sind *(schnäbeln, zanken)*.

Kompetenzen: Wortschatz erweitern; Schreibfertigkeiten festigen; Lesefähigkeiten ausbauen; Texte erschließen; Natur entdecken und erleben; Mit Medien umgehen; Konzentration schulen und Interesse wecken

Lösungen:
AB 6: Wellensittiche gehören zu den Papageienvögeln (Sittiche). Ihre Heimat ist Australien. Dort leben sie in großen Schwärmen zusammen und legen auf der Suche nach Futter, Wasser oder Nistgelegenheiten täglich große Strecken zurück. Sie brüten in Astlöchern von Eukalyptus- oder Gummibäumen. Oft fliegen sie zu einem Gewässer, trinken dort und nehmen ein Bad.
Die wild lebenden Wellensittiche sind grün und haben am Kopf ein gelbliches Gefieder mit blauen und schwarzen Flecken. Durch Züchtungen gibt es jetzt etwa 300 verschiedene Formen in Grün, Gelb, Blau, Grau und Weiß.
Wellensittiche werden etwa 16–20 cm groß und wiegen ca. 40 g. Sie können bei guter Pflege 15–20 Jahre alt werden. In freier Natur leben sie meist nicht so lange.
Die kleinen Papageien zwitschern fröhlich und warnen sich bei Gefahr durch viele verschiedene Laute.
Die Wellensittiche haben ihren Namen wegen der gewellten Federzeichnung auf ihrem Kopf und an ihren Flügeln bekommen.
Bei uns in Europa gibt es erst seit dem Jahr 1840 Wellensittiche.
Warum gab es in Europa früher keine Wellensittiche? *Wellensittiche kommen in freier Natur nur in Australien vor. Dieser Kontinent wurde erst im 17. Jahrhundert von Europäern (Niederländern) aufgesucht.*
Wie kam der Wellensittich nach Europa? *Der englische Forscher John Gould brachte die ersten Exemplare 1840 von Australien mit nach Europa.*
Zum Nachdenken: *die Männchen (= Hähne)*
AB 7: fliegen putzen schlafen fressen strecken brüten klettern zanken knabbern schnäbeln
Weitere Tätigkeiten: *landen, zwitschern, füttern, baden, Federn ordnen, Gefieder fetten, kratzen, festhalten, Kopf drehen, piepsen, …*

Einheit: Haltung und Ernährung

Aufgrund der Beschäftigung mit den verschiedenen Aspekten (Herkunft, Familie, Aussehen, Körperbau, Lebensweise, Verhalten) haben sich die Kinder Grundlagenwissen über die artgerechte Haltung von Wellensittichen erarbeitet. Sie sollen nun die Utensilien, die für die Haltung der Vögel benötigt werden, auf AB 8 erkennen und benennen.
Auf AB 9 geht es um die intensive Auseinandersetzung mit Aspekten und Tätigkeiten, die bei der Haltung eines Wellensittichs zu beachten und durchzuführen sind. Wie umfangreich die Anforderungen an einen Wellensittich-Halter sind, wird deutlich, wenn wirklich jeder einzelne Aspekt formuliert und fixiert werden muss. Allein die zeitliche Dauer der Beschäftigung mit den Einzelarbeiten lässt sehr schnell erkennen, dass deren Durchführung im Alltag noch weit aufwendiger ist. Neben diesen Erkenntnissen wird dabei die Ausdrucksfähigkeit der Kinder verbessert.

Vielleicht ergibt sich anschließend die Möglichkeit eine Futterstelle für Vögel auf dem Schulgelände anzulegen! Dabei kann die richtige Ernährung der Vögel motivierend vertieft werden. Eine Anleitung für den Bau einer Futterglocke findet sich z. B. in *Schneider/Hruby/Pentzien: Experimente für kleine Forscher. Auer* (ISBN: 978-3-403-04926-5).

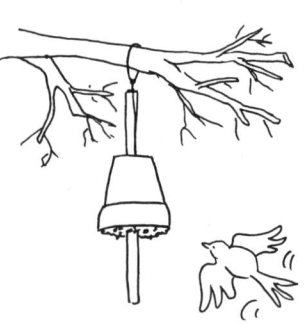

Differenzierungsmöglichkeiten:
1. Zusätzlich zur Aufgabe auf AB 8 können die Abbildungen beschriftet werden.
2. Weitere teilweise abstrakte Begriffe (Liebe, Zuwendung, Zeit, Spiel, Ruhe, …) können nach der Bearbeitung von AB 8 gesammelt und ausgedrückt werden (zeichnen, schreiben, benennen).

Kompetenzen: Sprechen üben, erzählen und Gespräche führen; Wortschatz erweitern; Lesefähigkeiten ausbauen; Alltagsphänomene entdecken und erforschen; Natur entdecken und erleben; Gesundheit und Ernährung verstehen lernen; Mit Medien umgehen; Konzentration schulen und Interesse wecken; Werte erfahren

Lösungen:
AB 8: Ernährung: *Obst, Gemüse, Körner, Beeren, Hirse, Löwenzahnblätter, Spinat, Petersilie, Samen, Kalkstein, Wasser, Kalk- oder Mineralsteine, Sepiaschale, …*
Pflege: *großer Käfig mit Sitzstangen, Sand, Futter- und Trinknapf, Badehäuschen, Zweige von Obstbäumen, Ruhe, …*
Beschäftigung: *Artgenossen (Wellensittiche sind Schwarmvögel und brauchen Gesellschaft! Nie einen Wellensittich alleine halten!), Schaukel und anderes Spielzeug, Liebe, Zuwendung, …*
AB 9: Aufgaben: *Freiflug ermöglichen, für Beschäftigung sorgen, Vogeldreck entfernen, neuen Sand einfüllen, Bodenplatte und Näpfchen mit heißem Wasser abwaschen, frisches Wasser geben, Käfig und Sitzstangen sauber machen, Futterreste wegwerfen, neues Futter bereitstellen, Badehäuschen säubern, für abwechslungsreiche Ernährung sorgen, nur mehrere Wellensittiche zusammen halten.*
Weitere Gefahrenquellen: *Elektrokabel, Gardinen, geöffnete Fenster, giftige Zimmerpflanzen, große Gefäße mit Wasser, Glasscheiben, Spalten hinter Büchern oder Möbeln, Öffnen von Türen, …*

Einheit: Basteln und Abschlussquiz

Zur Verzierung und Visualisierung von Arbeitsergebnissen sind die Falt-Wellensittiche von AB 10 ein gutes Medium. Ebenso ermöglichen sie eine „Präsenz" des Tieres im Klassenraum, auch wenn keine lebenden Wellensittiche vorhanden sind. Der Falt-Wellensittich ist nicht schwierig herzustellen, erfordert aber doch ein sorgfältiges Arbeiten. Besonders nett und passend

Material:
- AB 8 und 9
- Tierlexika
- Internetzugang
- Buntstifte

Material:
- AB 10 und 11
- farbiges Papier (DIN A4), Schere, Klebstoff, Zweig/Stab, evtl. Blumentopf mit Erde
- Pappe
- Tierlexika
- Internetzugang

sieht es aus, wenn viele verschiedenfarbige Objekte hergestellt und z. B. als Schwarm in einem „Vogelbaum" oder Zweig präsentiert werden. Auch Blumentöpfe mit Erde, in die ein Ast gesteckt wird, sind bestens geeignet, um die Falt-Wellensittiche auf der Fensterbank zu platzieren.

AB 11 mit vielen Fragen zum Wellensittich kann ganz unterschiedlich eingesetzt werden: als Quiz am Ende der Unterrichtsreihe, als Partnerspiel (Frage – Antwort), als Zusatzmaterial für schnell arbeitende Kinder, als Einstieg in die Unterrichtseinheit, als Aufgabe für Rechercheteams oder als Lernkontrolle für alle Schüler.

Differenzierungsmöglichkeit:
In Anlehnung an die Quizfragen von AB 11 können die Schüler eigene Quizfragen ergänzen.

Kompetenzen: Sprechen üben, erzählen und Gespräche führen; Verstehend zuhören; Lesefähigkeiten ausbauen; Natur entdecken und erleben; Mit Medien umgehen; Kreatives Gestalten; Feinmotorik ausbauen; Soziale Kompetenzen entwickeln

Lösungen:
AB 11: Sind Wellensittiche Einzelgänger oder Schwarmvögel? *Wellensittiche sind Schwarmvögel.*
Was fressen Wellensittiche? *Wellensittiche fressen Körner, Blätter, Kräuter, Obst, Gemüse, Rinde, Kalk, ...*
Woher haben Wellensittiche ihren Namen? *Die Wellensittiche haben ihren Namen wegen der gewellten Federzeichnungen am Kopf und an ihren Flügeln erhalten.*
Seit wann gibt es in Europa Wellensittiche? *In Europa gibt es seit 1840 Wellensittiche.*
Welche Vögel werden als Heimtiere gehalten? *Als Heimtiere werden u. a. Wellensittiche, Papageien, Kakadus, Kanarienvögel und Zebrafinken gehalten.*
Woran kann man Wellensittich-Männchen und Wellensittich-Weibchen unterscheiden? *Wellensittich-Weibchen haben eine hellgrau bis braune Wachshaut über dem Schnabel, Männchen eine blaue.*
Wodurch sind die Knochen der Wellensittiche besonders gut für das Fliegen geeignet? *Die Knochen der Wellensittiche sind innen hohl.*
Wie können Wellensittiche fliegen? *Die Federn, die kräftige Bauchmuskulatur und der leichte Körperbau ermöglichen den Wellensittichen das Fliegen.*
Wozu benutzen Wellensittiche ihren Schnabel? *Sie benutzen ihren Schnabel zum Fressen, Klettern, Festhalten sowie zur Gefiederpflege, Verteidigung und Kontaktaufnahme mit Artgenossen.*
Wie heißt die Gesamtheit der Federn eines Vogels? *Alle Federn eines Vogels nennt man Gefieder.*
Wie viele Eier legt eine Wellensittich-Henne bei einer Brut? *Eine Wellensittich-Henne legt pro Gelege 4–6 Eier.*
Wie lange dauert die Entwicklung eines Wellensittich-Kükens im Ei? *Die Entwicklung des Küken im Ei dauert ca. 18–20 Tage.*
Wie kommt das Wellensittich-Küken aus dem Ei? *Das Küken klopft mit dem Eizahn die Schale auf. Dann reckt und streckt es sich, bis sie ganz aufspringt.*
Wie alt werden Wellensittiche bei guter Pflege? *Wellensittiche werden bei guter Pflege 15–20 Jahre alt.*
Warum sollte der Vogelkäfig nicht im Schlafzimmer stehen? *Der Vogelkäfig sollte nicht im Schlafzimmer stehen, da die winzigen Federn die Atemwege schädigen und sich Allergien entwickeln können.*
In welchen Farben gibt es Wellensittiche? *Es gibt grüne, blaue, gelbe, türkisfarbene, graue und weiße Wellensittiche.*
Was macht das Wellensittich-Männchen, wenn das Weibchen brütet? *Das Wellensittich-Männchen versorgt während der Brutzeit das Weibchen mit Futter und bewacht das Nest.*
Wie sehen Wellensittiche aus, die in der freien Natur leben? *Die Wellensittiche in Australien sind grün und haben am Kopf ein gelbliches Gefieder mit blauen und schwarzen Flecken.*

Tipps für ein Stationentraining
Folgende Arbeitsblätter eignen sich besonders, um sie zu einem Stationentraining zusammenzustellen, bei dem die wichtigsten Aspekte zum Thema Wellensittich abgehandelt werden: AB 2, AB 3, AB 4, AB 7, AB 8, AB 10 und AB 11.

Name: _____   Datum: _____

Vögel als Haustiere?

Schon seit vielen Jahrhunderten werden Vögel als Haustiere gehalten und zwar sowohl als Nutztiere als auch als Heimtiere.
Kreise alle Nutztiere rot ein, die Heimtiere grün!

Schreibe auf, weshalb die Menschen Vögel bei sich halten und füttern!

Huhn	Eier und Fleisch werden gegessen.
Wellensittich	
Gans	
Falke	
Pfau	
Papagei	

AB 1 Familie

Name: _____ Datum: _____

Wie sieht ein Wellensittich aus?

Beschrifte die Körperteile des Wellensittichs mit den richtigen Begriffen!
Schneide sie unten aus und klebe sie an die richtige Stelle!

Finde heraus, welche Farbe das Gefieder hat, und male den Wellensittich an!

| Gefieder | Flügel | Fuß | Kralle | Schwanz | Schnabel | Auge |

AB 2 Aussehen   85

Name: _____   Datum: _____

Was leisten die Körperteile des Wellensittichs?

Schneide die Textkärtchen aus, ordne sie richtig zu und klebe sie auf, wenn das Lösungswort stimmt: _ _ _ _ _ _ _ _ _ _ .

Körperteil		Beschreibung	
Augen		Der Wellensittich kann süß, bitter, salzig und sauer unterscheiden.	R
Gehör		Sie sind innen hohl und somit besonders leicht.	L
Geschmack		Es schlägt 250–600 Mal in jeder Minute.	I
Geruch		Er wird zum Klettern, Festhalten, Knacken und Aufbeißen von Körnern benutzt.	E
Federn		Der Wellensittich sieht sehr gut. Seine Augen liegen seitlich am Kopf, sodass er sein ganzes Umfeld im Blick hat.	K
Füße mit Krallen		Der Wellensittich braucht sie zum Klettern, Kratzen und Halten. Damit fühlt er auch Erschütterungen.	R
Gedächtnis		Der Wellensittich hat ein sehr gutes Gedächtnis.	T
Schnabel		Der Wellensittich hört ähnlich gut wie Menschen.	Ö
Herz		Der Geruchssinn ist nur schwach ausgebildet.	P
Knochen		Bis auf die Augen, den Schnabel und die Füße ist der gesamte Körper des Wellensittichs mit Federn bedeckt.	E

AB 3 Aussehen

Name: _____ Datum: _____

Wie kann der Wellensittich fliegen?

Ergänze den Lückentext!

Der Körper des Wellensittichs ist ideal zum _____ ausgestattet.

Die _____ sind innen hohl und damit sehr leicht. Die Brustmuskulatur

ist sehr _____. Herz und _____ sind besonders leistungsfähig.

Die _____ sind so angeordnet, dass die Flugbewegungen schnell zu

verändern sind. Je nachdem, wie die Flügel- und Schwanzfedern gespreizt werden, kann

die _____ verändert oder zur Landung angesetzt

werden.

Federn – fliegen – Flugrichtung – Knochen – Lunge – stark

Die aufgespreizten Federn bewegen mehr Luft und werden von ihr besser getragen. Beim Flugzeugbau werden auch Tragflächen mit beweglichen Klappen eingesetzt, um das Flugverhalten zu steuern. Teste es selbst!

Du brauchst: festes Papier (DIN A5), Schere, Locher, 1 Musterklammer

Anleitung:

1. Falte das Blatt Papier drei Mal.

2. Zeichne ein Oval auf und schneide es aus.

3. Loche den Stapel und befestige die Musterklammer.

Probiere aus, wie die zusammengeklappten und ausgebreiteten „Federn" schweben!
Teste auch andere Gegenstände und notiere deine Ergebnisse in der Tabelle!

Gegenstand	Wie gut fliegt der Gegenstand?
(Oval)	
(Fächer)	
Wollfaden	
Feder	
Blatt Papier	

AB 4 Aussehen/Lebensweise

Name: _____ Datum: _____

Wie pflegen Wellensittiche ihr Gefieder?

Allen Vögeln ist gemeinsam, dass sie Federn haben. Das Gefieder ist für sie lebensnotwendig. Deshalb pflegen die Vögel ihre Federn täglich und sorgfältig.
Schmutzteilchen und kleine Flaumfedern werden entfernt und alle Federn wieder in die richtige Lage gebracht.

Überlege und informiere dich: Was passiert, wenn die Federn nicht gepflegt sind oder wegen Krankheiten ausfallen?

_____

_____

Suche eine Feder (oder frage im Zoogeschäft danach)!
Betrachte sie sorgfältig mit einer Lupe und zeichne sie möglichst genau ab!

Beobachte, miss und zähle:

Wie lang ist sie? _____

Welche Farbe hat sie? _____

Wie lange ist der Kiel? _____

Aus wie vielen Einzelfasern besteht sie?

_____

So kannst du dir eine Schreibfeder basteln:
1. Nimm eine große Feder und schneide am unteren Ende mit der Schere so viel von den Federästen ab, dass sie dich später beim Eintauchen in die Tinte und beim Schreiben nicht stören.
2. Halte den Kiel so in der Hand, als ob du schreiben würdest. Wenn du die beste Haltung für dich gefunden hast, schneide die Seite des Kiels, die dabei nach unten zeigt, schräg ab.
3. Ziehe vorsichtig die kleinen Häutchen aus dem Kiel heraus, sodass ein Hohlraum entsteht.
4. Schneide die Spitze 2–3 mm entlang des Kiels ein, damit sich hier die Tinte sammeln kann. Dabei musst du besonders aufpassen, da der Kiel schnell einreißen kann.
5. Nimm ein Tintenfass, tauche deine Feder leicht mit der Spitze hinein und fange an zu schreiben.

AB 5 Lebensweise

Name: _____ Datum: _____

Wo und wie leben Wellensittiche?

Wellensittiche gehören zu den Papageienvögeln (Sittiche). Ihre Heimat ist Australien. Dort leben sie in großen Schwärmen zusammen und legen auf der Suche nach Futter, Wasser oder Nistgelegenheiten täglich große Strecken zurück. Sie brüten in Astlöchern von Eukalyptus- oder Gummibäumen. Oft fliegen sie zu einem Gewässer, trinken dort und nehmen ein Bad.

Die wild lebenden Wellensittiche sind grün und haben am Kopf ein gelbliches Gefieder mit blauen und schwarzen Flecken. Durch Züchtungen gibt es jetzt etwa 300 verschiedene Formen in Grün, Gelb, Blau, Grau und Weiß.

Wellensittiche werden etwa 16–20 cm groß und wiegen ca. 40 g. Sie können bei guter Pflege 15–20 Jahre alt werden. In freier Natur leben sie meist nicht so lange.

Die kleinen Papageien zwitschern fröhlich und warnen sich bei Gefahr durch viele verschiedene Laute.

Die Wellensittiche haben ihren Namen wegen der gewellten Federzeichnung auf ihrem Kopf und an ihren Flügeln bekommen.

Bei uns in Europa gibt es erst seit dem Jahr 1840 Wellensittiche.

Unterstreiche alle Aussagen, die über das Leben der Wellensittiche in der freien Natur berichten!

Informiere dich (befrage Experten und sieh in Büchern oder im Internet nach):

Warum gab es in Europa früher keine Wellensittiche?

_____

_____

Wie kam der Wellensittich nach Europa?

_____

_____

Zum Nachdenken: Welche Wellensittiche werden aus Eiern ausgebrütet, können aber selbst keine Eier legen?

_____

AB 6 Herkunft/Lebensweise

Name: _____   Datum: _____

Was machen Wellensittiche?

Wellensittiche sind sehr muntere Tierchen und den ganzen Tag über in Bewegung. Sie können ganz unterschiedliche Tätigkeiten ausführen.

Beschrifte die Abbildungen!

_____   _____   _____   _____

_____   _____   _____   _____

_____   _____

| *putzen* | *strecken* | *schnäbeln* | *knabbern* | *schlafen* |
| *brüten* | *zanken* | *klettern* | *fressen* | *fliegen* |

Fallen dir weitere Tätigkeiten der Wellensittiche ein?

_____
_____
_____
_____

90 AB 7 Lebensweise/Verhalten

Name: _____ Datum: _____

Was braucht ein Wellensittich?

Wellensittiche gehören zu den beliebtesten Haustieren. Sie zwitschern fröhlich, klettern und fliegen munter und können die Sprache der Menschen nachmachen. Außerdem sind sie sehr anhänglich und zutraulich. Deshalb möchten viele Menschen gerne einen Wellensittich haben. Bevor man aber einen Wellensittich anschafft, muss man sich überlegen, was er braucht!

Kreise farbig ein! Was braucht der Wellensittich zur Ernährung (rot), zur Pflege (blau) und zur Beschäftigung (grün)?

Was braucht der Wellensittich sonst noch? Schreibe oder zeichne es dazu!

AB 8 Haltung/Ernährung

Name: _____ Datum: _____

Wie pflege ich einen Wellensittich?

Wellensittiche, die gut gepflegt werden, können 15–20 Jahre alt werden. Zu einer guten Pflege gehören verschiedene Arbeiten.

Ergänze die Aufgaben!

ermöglichen	entfernen	säubern	halten
wegwerfen	sorgen	bereitstellen	geben
abwaschen	einfüllen	machen	sorgen

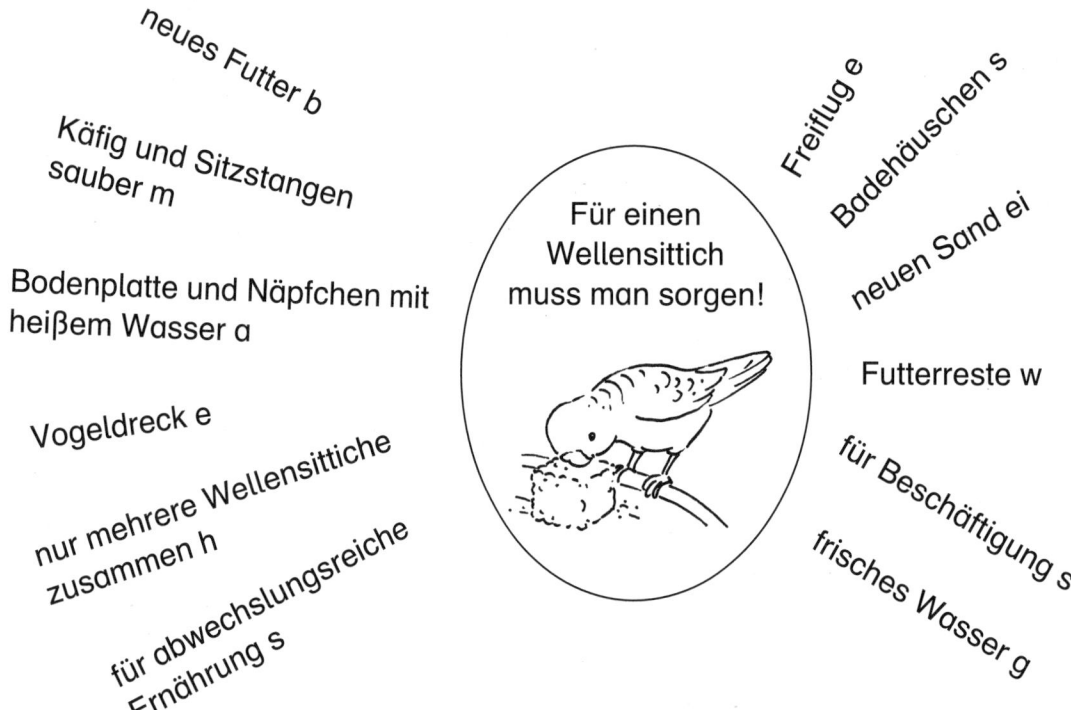

neues Futter b

Käfig und Sitzstangen sauber m

Bodenplatte und Näpfchen mit heißem Wasser a

Vogeldreck e

nur mehrere Wellensittiche zusammen h

für abwechslungsreiche Ernährung s

Für einen Wellensittich muss man sorgen!

Freiflug e

Badehäuschen s

neuen Sand ei

Futterreste w

für Beschäftigung s

frisches Wasser g

Wellensittiche brauchen ihren täglichen Freiflug! Aber Achtung:
- Alle Fenster, Türen, Schubladen und Schränke schließen!
- Stromkabel verdecken!
- Beim Gehen und Hinsetzen auf den Wellensittich achten!

Welche weiteren Gefahrenquellen gibt es beim Freiflug in der Wohnung (z. B. Aquarium, Kerzen, ...)?

_____

_____

Name: _____   Datum: _____

Ein Wellensittich zum Falten

Du brauchst:
- farbiges Blatt Papier in DIN A4 (gelb, grün oder blau)
- Schere, Klebstoff
- Zweig oder Stab

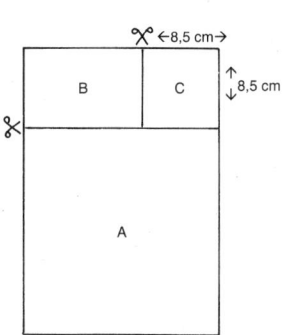

1. Schneide von deinem Blatt einen Streifen (8,5 cm) ab. Schneide vom abgeschnittenen Streifen noch einmal 8,5 cm ab, sodass du ein Rechteck und ein Quadrat erhältst.

2. Falte das Blatt Papier (A) wie in den folgenden Abbildungen.

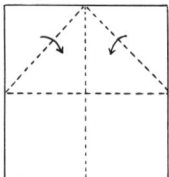 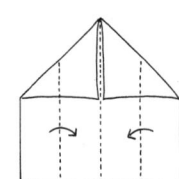 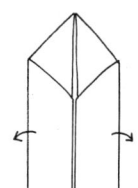 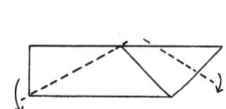 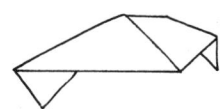

3. Falte aus dem abgeschnittenen Rechteck (B) einen Schwanz und klebe ihn fest.

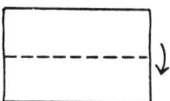 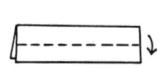 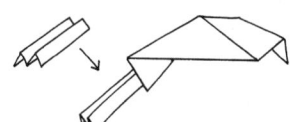

4. Schneide das abgeschnittene Quadrat (C) diagonal auseinander und falte jedes Dreieck einmal. Klebe sie als Flügel auf beide Seiten deines Vogels.

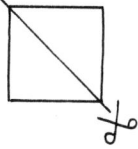 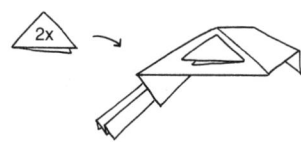

5. Male Augen auf und den Schnabel gelb an. Befestige deinen Wellensittich an einem Stab oder Zweig. Jetzt kannst du ihn in einen Blumentopf mit Erde stecken. Er kann aber auch mit einem Faden aufgehängt werden.

Name: _____ Datum: _____

Bist du ein Wellensittich-Experte?

Klebe das Blatt auf Pappe und schneide die Quizkarten sorgfältig aus!

Sind Wellensittiche Einzelgänger oder Schwarmvögel?	Was fressen Wellensittiche?	Woher haben Wellensittiche ihren Namen?
Seit wann gibt es in Europa Wellensittiche?	Welche Vögel werden als Heimtiere gehalten?	Woran kann man Wellensittich-Männchen und Wellensittich-Weibchen unterscheiden?
Wodurch sind die Knochen der Wellensittiche besonders gut für das Fliegen geeignet?	Wie können Wellensittiche fliegen?	Wozu benutzen Wellensittiche ihren Schnabel?
Wie heißt die Gesamtheit der Federn eines Vogels?	Wie viele Eier legt eine Wellensittich-Henne bei einer Brut?	Wie lange dauert die Entwicklung eines Wellensittich-Kükens im Ei?
Wie kommt das Wellensittich-Küken aus dem Ei?	Wie alt werden Wellensittiche bei guter Pflege?	Warum sollte der Vogelkäfig nicht im Schlafzimmer stehen?
In welchen Farben gibt es Wellensittiche?	Was macht das Wellensittich-Männchen, wenn das Weibchen brütet?	Wie sehen Wellensittiche aus, die in der freien Natur leben?

94 AB 11 Quiz

Jederzeit optimal vorbereitet in den Unterricht?

»Lehrerbüro!

Hier finden Sie alle Unterrichtsmaterialien

der Verlage Auer, AOL-Verlag und PERSEN

immer und überall online verfügbar.

lehrerbuero.de
Jetzt kostenlos testen!

» lehrerbüro

Das **Online-Portal** für Unterricht und Schulalltag!